劳动教育活动手册

郭利明　邢万军　主　编

卫　静　原　芳　陈　利　梁海霞　副主编

電子工業出版社
Publishing House of Electronics Industry
北京 · BEIJING

内 容 简 介

本书旨在贯彻新时代劳动教育理念，着眼于培养职业院校学生树立马克思主义劳动观，体会劳动创造美好生活，清楚劳动不分贵贱，从而热爱劳动、尊重劳动，养成勤俭、奋斗、创新、奉献的劳动精神和良好的劳动习惯。本书内容涵盖了劳动教育与劳动价值观、劳动精神、志愿服务、家园生活、田园牧歌、圆梦起航、匠心传承、劳动安全教育等 8 个项目，结合家庭、学校、社会各方面，与德育、智育、体育、美育相融合，注重教育实效，实现知行合一。

图书在版编目（CIP）数据

劳动教育活动手册 / 郭利明，邢万军主编. —北京：电子工业出版社，2024.6

ISBN 978-7-121-47960-1

Ⅰ. ①劳… Ⅱ. ①郭… ②邢… Ⅲ. ①劳动课—中等专业学校—教学参考资料 Ⅳ. ①G634.933

中国国家版本馆 CIP 数据核字（2024）第 107420 号

责任编辑：游　陆
印　　刷：三河市龙林印务有限公司
装　　订：三河市龙林印务有限公司
出版发行：电子工业出版社
　　　　　北京市海淀区万寿路 173 信箱　邮编　100036
开　　本：880×1 230　1/16　印张：13.5　字数：312 千字
版　　次：2024 年 6 月第 1 版
印　　次：2025 年10月第 4 次印刷
定　　价：46.00 元

凡所购买电子工业出版社图书有缺损问题，请向购买书店调换。若书店售缺，请与本社发行部联系，联系及邮购电话：（010）88254888，88258888。

质量投诉请发邮件至 zlts@phei.com.cn，盗版侵权举报请发邮件至 dbqq@phei.com.cn。

本书咨询联系方式：（010）88254489，youl@phei.com.cn。

PREFACE
前言

为深入贯彻落实《中共中央 国务院关于全面加强新时代大中小学劳动教育的意见》《大中小学劳动教育指导纲要（试行）》文件精神，充分发挥劳动教育在立德树人中的重要作用，职业院校已常态化开展劳动教育。新时代职业院校加强劳动教育，目的在于促进学生全面发展，增强学生的职业信念，培养学生的工匠精神。但是，当前职业院校的劳动教育存在课时被压缩、缺乏实践性和可操作性的问题。为了指导职业院校劳动教育课程教学，提供切实可行的劳动教育实践活动，我们结合山西省地方特色编写了本书。

本书具有以下特色：贯彻马克思主义劳动观，强调劳动是一切财富和价值的源泉，培养诚实劳动、创造美好生活的观念；内容注重实践，结合日常生活劳动、生产劳动和服务性劳动，提供具体的劳动实践活动指导，使学生通过动手实践获得积极的价值体验；体现时代特征，适应科技发展和产业变革，针对劳动新形态，注重新兴技术支撑和社会服务新变化；整合劳动教育与专业教育、实习实训、创新创业、就业指导等内容，形成具有综合性的教育体系；根据职业院校学生的特点和需求，提供符合他们身心发展阶段的劳动教育内容，强化劳动教育与专业技能的结合；创新劳动教育的内容和形式，将科学性、实用性、通俗性、趣味性融为一体，提升学生的学习兴趣和参与度；加入劳动安全教育的内容，教授学生正确的劳动操作方法和安全防护知识，确保劳动实践活动的安全；提供典型的劳动案例和模范人物事迹，引导学生学习劳动精神和工匠精神，树立正确的职业观念；提供具体的教学目标、活动设计、工具使用、考核评价等指导，便于教师组织实施劳动教育活动。

本书还渗透了阳城县职业高级中学校“产教融合、校企合作、工学结合、知行合一”的办学理念，介绍了各领域具有劳动美德的典型人物，以培养学生勤俭、奋斗、创新、奉献的劳动精神，并引领青年学生树立远大的志向，积极进取，勤俭诚信。

本书由郭利明、邢万军担任主编，卫静、原芳、陈利、梁海霞担任副主编，参与编写的还有张路露、杨飞、常付善、李阳萍、张建锋、张海艳、原钊、王栓育、乔丽霞、张彩眉、许凤。

由于编者水平有限，书中难免存在疏漏和不足之处，恳请广大读者批评指正。

编　者

CONTENTS

目 录

项目一

劳动教育与劳动价值观

活动 1

劳动与劳动教育概述

活动目标

（1）了解劳动的含义、人类劳动的基本特征和重要性。
（2）了解劳动教育的内涵与任务。
（3）掌握劳动教育的实施原则及意义。

活动准备

1. 培训学习

组织学生学习劳动的相关知识，提高思想认识，明确注意事项。加强思想引领，帮助学生端正劳动态度，明晰热爱劳动、人人参与的重要性。

组织寻找老劳模，再现光辉事迹

1. 活动目的

在寻找劳模的过程中理解劳模精神，感悟劳模精神，传播劳模精神。

2. 活动准备

这是一个激情燃烧的年代！这是一个劳模辈出的年代！中华人民共和国成立七十多年来，涌现了千万名劳模，他们在自己的工作岗位上做出过卓越的贡献，获得劳模的荣誉称号：他们曾在基层岗位上兢兢业业坚守多年，用自己的满腔热血服务基层百姓。如今，他们过得好吗？

3. 活动流程

寻找已淡出人们视线的老劳模，与其进行面对面交谈，采用视频或图文形式记录其光辉事迹，并对老劳模如今的生活状况进行调查，与同学分享你的感悟。

2．事前联络

由班级干部或团支部干部事先联系相关老师，获得老师同意，商定活动时间、内容。要了解每个采访对象的具体情况，便于准备相应物品。

3．分组分工（见表 1–1）

表 1-1　寻找老劳模活动分组分工表

<table>
<tr><th colspan="2">组织设置</th><th>工作内容</th><th>岗位设置</th><th>岗位职责</th></tr>
<tr><td colspan="2" rowspan="2">领导小组</td><td rowspan="2">由班长、团支书、安全委员等干部组成，推选出组长和副组长各一名。领导小组的作用是全面统筹寻找老劳模活动</td><td>组长：</td><td>负责活动中的监督检查、卫生质量把控等</td></tr>
<tr><td>副组长：</td><td>协助组长管理，落实安全责任，监督工作小组执行工作内容</td></tr>
<tr><td rowspan="8">工作小组</td><td rowspan="2">策划协调组</td><td rowspan="2">负责与学校劳动活动安排主管部门进行工作报备及资格审批，负责活动项目的确定、联络、情况了解等工作，落实活动方案，负责其他各工作小组的人员分配、小组间人员的调配与协商</td><td>小组长：</td><td rowspan="8">小组长：负责落实本组工作内容的执行、组员管理、组内分工、组间协调合作

组员：服从组长管理，自觉遵守活动纪律，积极参与、团结协作</td></tr>
<tr><td>组员：</td></tr>
<tr><td rowspan="2">后勤物资组</td><td rowspan="2">安排人员做好前期准备、场地布置等工作</td><td>小组长：</td></tr>
<tr><td>组员：</td></tr>
<tr><td rowspan="2">安全保障组</td><td rowspan="2">拟定《安全承诺书》，组织全班培训，做到安全事项人人知晓。负责活动过程中的安全隐患排查及监督</td><td>小组长：</td></tr>
<tr><td>组员：</td></tr>
<tr><td rowspan="2">宣传编辑组</td><td rowspan="2">负责活动宣传方案的拟定，负责活动中的摄影、摄像及宣传资料收集，负责活动后期的对外宣传工作等</td><td>小组长：</td></tr>
<tr><td>组员：</td></tr>
</table>

4．安全事项

（1）组织学习学校劳动教育及安全管理部门的规定。

（2）提前向学校管理部门报备《寻找老劳模活动方案》《寻找老劳模活动分组分工表》《寻找老劳模活动安全预案申报表》（见表 1-2），进一步明确组织安排、人员分工、活动流程和安全责任。拟定《安全承诺书》，每位同学签字后留存备查。

（3）进行任务交代和安全培训，班委干部或团支部干部做好会议记录，留存备查。

表 1-2 寻找老劳模活动安全预案申报表

申报班级		部门负责人（签字）	
活动内容		活动地点	
活动时间		参与学生	
带队教师			
寻找老劳模活动安全预案			
分管部门意见			
分管副校长意见			
校长意见			

5. 物资准备

（1）摄影、摄像器材。

（2）活动必需的个人防护物资（口罩、云南白药、消毒酒精、创可贴等）。

（3）小礼品（同学们自己制作的手工创意小作品）。

活动步骤

一、了解劳动基础知识

（一）劳动的含义、基本特征和重要性

1. 劳动的含义

劳动是人类社会生存和发展的基础，是人维持自我生存和自我发展的唯一手段。劳动主

要是指人类为创造自身生存和发展必需的物质财富与精神财富而进行的有目的的生产活动和提供非物质形态的服务活动。它包括以下三个层次的要求：

（1）在法律允许范围内的劳动。

（2）经过交换的劳动（可能是资本交换，也可能是收入交换）。

（3）满足他人和社会需要的劳动。

劳动是人类运动的一种特殊形式。在商品生产体系中，劳动是劳动力的支出和使用。马克思给劳动下了这样的定义："劳动力的使用就是劳动本身。劳动力的买者消费劳动力，就是让劳动力的卖者为其提供劳动。"

2. 人类劳动的基本特征

劳动是指人和自然之间的物质以及能量、信息的变换过程，是人类对自然界的积极改造。劳动是人类特有的活动，其本质特征表现在以下几个方面：

（1）劳动是有明确的目的的改造自然的自觉活动。

（2）劳动必须创造并使用一定的物质手段，主要是劳动工具。

（3）劳动的对象具有广泛性，是以人类自身为主体改造整个世界并创造人化世界。

（4）衡量人类劳动的尺度具有多维性，包括真理尺度、价值尺度和审美尺度，即真、善、美的统一。

3. 劳动的重要性

（1）劳动创造了辉煌灿烂的历史，让每个中华儿女无比骄傲与自豪。站在岁月的肩膀上回望，可以看到蜿蜒伸展的万里长城怀抱着祖国的大好河山，如一条巨龙守护着中国的心脏；可以看到金碧辉煌的故宫屹立于世界建筑之林，传承着中国几千年的历史；可以看到四大发明使古老的中国异彩纷呈，让国人更加聪颖；可以看到丝绸、瓷器"远涉"重洋，促进了国内外的交流发展。这一切的一切都来自古人的辛勤劳动，是劳动让祖国的历史这样辉煌、悠久。

（2）劳动创造了奇迹，让"异想天开"成为现实。《西游记》中的孙悟空一个筋斗能飞十万八千里，而今天，宇航员乘坐中国制造的神舟飞船遨游太空，圆了中国人的飞天梦。传说中有嫦娥奔月，而今天，中国的嫦娥一号、嫦娥二号先后畅游月宫，圆了中国人的探月梦。三峡水电、南水北调等一个个宏伟的治水治山工程，圆了中国人的兴利除患、驾驭江河梦。越来越多的中国制造让国人更加有底气，更加有信心，也正是中华儿女的辛勤劳动和不懈努力让中华民族总能美梦成真。

（3）劳动铸造了优秀的品质，让生活坚韧而有尊严。中华民族历来是勤劳的民族，中华民族伟大复兴走的是与西方发达国家截然不同的发展道路，即紧紧依靠全民族的精诚团结与艰苦奋斗。凭着全体劳动者的辛勤劳动，中国创造了一个又一个举世瞩目的伟大奇迹。

（二）劳动教育的内涵和任务

1. 劳动教育的内涵

劳动教育是国民教育体系的重要内容，是学生成长的必要途径，具有“树德、增智、强体、育美”的综合育人价值。实施劳动教育的重点是在系统的文化知识学习之外，有目的、有计划地组织学生参加日常生活劳动、生产劳动和服务性劳动，让学生动手实践、出力流汗，接受锻炼、磨炼意志，培养正确的劳动价值观和良好的劳动品质。

对中职学生进行劳动教育，主要可以从以下几个方面出发：

（1）使学生树立正确的劳动观，使他们懂得劳动的伟大意义。了解人类的历史首先是生产发展的历史，是劳动人民创造的历史；懂得辛勤的劳动是建设社会主义和共产主义的根本保证；劳动是公民的神圣义务和权利；懂得轻视体力劳动和体力劳动者是数千年来剥削阶级的思想残余；懂得把脑力劳动同体力劳动相结合的重要意义。

（2）培养学生热爱劳动和劳动人民的情感。养成劳动的习惯，形成以劳动为荣、以懒惰为耻的品质，抵制好逸恶劳、贪图享受、不劳而获、奢侈浪费等恶习的影响。

（3）学习是学生的主要劳动，教育学生从小勤奋学习，将来担负起艰巨的建设任务，并教育学生正确对待升学、就业和工作。

劳动教育还要通过生产劳动和公益劳动等来实施。学生在校期间要按照教学计划的规定适当参加劳动。

2. 劳动教育的任务

（1）进行系统的马克思主义劳动理论教育，区分两种对立的劳动观。每个学生都要懂得劳动创造了人，劳动创造了世界，劳动创造了现代的物质文明和精神文明。人类的历史就是劳动人民生产劳动的历史，劳动推动历史发展。勤劳可以铲除倦怠、罪恶、匮乏三害；而懒惰可以滋生三害，懒是罪恶的源泉。剥削阶级轻视体力劳动，而无产阶级则认为劳动光荣。

（2）培养劳动观点、劳动习惯和学习专业生产技术的兴趣。应热爱劳动，尊重劳动人民，珍惜劳动成果，养成勤俭节约、手脑并用、勇于创造的劳动习惯。

（3）增强劳动纪律和法治观念。劳动的社会性决定了它要靠自觉的纪律来维系，没有一定的纪律，社会集体劳动就不可能实现。进行纪律教育不仅是劳动教育的重要内容，还是劳动教育的任务，是学生走向社会的必要准备。

（4）掌握组织生产和管理生产的初步知识与技能。科学、技术和管理是现代文明的三大支柱。特别是生产劳动的管理对提高经济效益有明显的作用，因此，管理是不用投资的扩大再生产。

（三）劳动教育的实施及其原则

2020 年 3 月印发的《中共中央 国务院关于全面加强新时代大中小学劳动教育的意见》，

对新时代劳动教育做出顶层设计和全面部署。探索具有中国特色的劳动教育模式，促进学生形成正确的劳动观，需要结合学生成长实际，坚持劳动教育基本原则，把劳动教育纳入人才培养全过程。

（1）把握育人导向。劳动教育是中国特色社会主义教育制度的重要内容，直接决定社会主义建设者和接班人的精神面貌、价值取向与技能水平。党的十八大以来，各地区和学校坚持教育与生产劳动相结合，在实践育人方面取得积极成效。同时也要看到，一些青少年存在不珍惜劳动成果、不想劳动、不会劳动的现象，劳动的独特育人价值在一定程度上被忽视，劳动教育被淡化、被弱化。培养担当民族复兴大任的时代新人，必须着力提升学生综合素质，促进学生德智体美劳全面发展、身心健康成长。解决这些问题，需要把准育人导向，引导学生树立正确的劳动观，形成劳动最光荣、劳动最崇高、劳动最伟大、劳动最美丽的观念，崇尚劳动、尊重劳动，辛勤劳动、诚实劳动，以创造性劳动报效国家、奉献社会。

（2）遵循教育规律。新时代劳动教育必须遵循教育规律，遵循学生的身心成长规律，符合学生年龄特点，以体力劳动为主，注意手脑并用、安全适度。为此，需要根据不同阶段的学生特点进行系统设计。职业院校可根据劳动教育新要求，调整和优化专业人才培养方案，在抓好职业技术教育的同时，强化劳动精神、劳模精神和工匠精神教育，让学生增强职业荣誉感，感受和体会平凡劳动中的伟大。加强劳动教育，需要强化实践体验，让学生亲历劳动过程，提升育人实效性。教育引导学生砥砺奋斗、吃苦耐劳，在劳动中创造财富和价值，通过劳动过程中创造性的实践活动及其成果感受劳动乐趣，激发永远奋斗的精神。

（3）体现时代特征。中华民族是一个勤于劳动、善于创造的民族。从《尚书》中的“克勤于邦，克俭于家”，到《国语》中的“劳则思，思则善心生”，再到《朱子治家格言》中的“黎明即起，洒扫庭除，要内外整洁”，诸多古训格言都彰显了勤俭自持、耕读传家的中华传统美德。当今时代，随着经济社会发展，劳动形态发生巨大变化。这就要求劳动教育与新技术、新产业、新业态相呼应，挖掘劳动教育新内涵，创新劳动教育形式，鼓励学生运用多学科知识开展创造性劳动，使新时代劳动教育适应科技发展和产业变革要求。深化产教融合，改进劳动教育方式。强化诚实合法劳动意识，培养科学精神，提高创造性劳动能力。劳动教育要与树德、增智、强体、育美相结合，实现道德的提升、智慧的增长、体质的强健、美感的涵养，进一步彰显劳动教育在新时代的综合育人价值。

（4）强化综合实施。新时代劳动教育具有较强的社会性，需要全社会共同努力、合力推动。主管部门需要加强统筹，拓宽劳动教育途径，通过相应政策支持劳动教育，建立和完善科学有效的劳动教育激励、督导和评价机制，推动劳动教育有目标、有计划、有针对性地进行。与此同时，推动建立家庭、学校、社会各方面齐抓共管、协同实施的机制。家庭劳动教育注重日常化，发挥家庭在劳动教育中的基础作用，树立崇尚劳动的良好家风，抓住衣食住行等日常生活中的劳动实践机会，让孩子从小培养起热爱劳动的习惯。学校劳动教育注重规范化，发挥学校在劳动教育中的主导作用，切实承担实施劳动教育的主体责任，明确实施机构和人员，开齐开足劳动教育课程。社会劳动教育注重多样化，发挥社会各方面在劳动教育中的支持作用，利用各类资源为劳动教育提供必要保障，营造良好舆论氛围，形成协同育人格局。

（5）坚持因地制宜。结合不同地区和学校在自然、经济、文化等方面的条件，发掘行业企业、职业院校等可利用资源，宜工则工、宜农则农，采取多种方式开展新时代劳动教育。利用现有综合实践基地、青少年校外活动场所、职业院校和普通高等学校劳动实践场所，建立健全开放共享机制。农村地区可安排相应土地、山林、草场等作为学农实践基地，城镇地区可确认一批企事业单位和社会机构作为学生参加生产劳动、服务性劳动的实践场所。政府部门可协调和引导企业公司、工厂农场等组织履行社会责任，开放实践场所，支持学校组织学生参加力所能及的生产劳动、参与新型服务性劳动，使学生与普通劳动者一起经历劳动过程。鼓励高新企业为学生体验现代科技条件下劳动实践新形态、新方式提供支持。工会、共青团、妇联等群团组织以及各类公益基金会、社会福利组织，可组织动员相关力量、搭建活动平台，共同支持学生深入城乡社区、福利院和公共场所等参加志愿服务、开展公益劳动、参与社区治理。通过多方力量、多种形式促进新时代劳动教育不断深化、落地生根。

（四）劳动教育的意义

随着国民经济的快速发展，社会生产力的大幅度提高，企业对劳动者的素质要求越来越高。作为培养初中级劳动者的主阵地，中等职业学校自然承担着重要的角色。但学校过分注重对学生技能和智能的培养，往往忽视了对学生劳动方面的教育。部分中职学生在校劳动观念淡薄，劳动意识不强，顶岗实习期间不愿吃苦，怕累怕脏。由此可见，加强对中职学生的劳动观念的教育，意义十分重大。

1. 有利于满足职业教育发展的需要

劳动和劳动教育是教育中不可缺少的重要组成部分，是全面贯彻落实教育方针、实施素质教育、提高学生总体素质的基本途径。职业教育是国民教育体系中重要的组成部分，也是不可或缺的一部分。但是，中国几千年来就有的“学而优则仕”的封建主义思想根深蒂固地存在于社会的各个层面，使得社会各个层面对职业教育有着错误的认识：认为职业教育就是培养一线操作工的，伴随着他们的是“苦、累、脏、差”，就是在厂里干活的。社会的普遍看法具有片面性，使大部分学生产生了极大的自卑心理，觉得来职业学校读书是一件没有面子的事情，在亲朋面前甚至不敢或不愿谈及自己的学校、专业。这样就会导致学生产生自暴自弃的想法，疏于管理自己、放纵自己，就会更不利于职业教育朝着良性健康的方向发展。

2. 有利于满足未来职业发展的需要

劳动教育是中国特色社会主义教育制度的重要内容，直接决定社会主义建设者与接班人的劳动精神面貌、劳动价值取向和劳动技能水平。要适应未来的职业活动，固然需要足够的知识和较为完善的技能，但是一个人的主观意识直接决定人的能力的发挥和行为的结果。而且现代社会特别提倡劳动者的素质，没有高尚的劳动品质和极强的劳动能力，员工的技术优势就得不到充分的发挥，工作质量就得不到保证，再高的技术水平也无济于事。职业教育作为就业性教育，其培养的学生毕业之后将直接进入社会，走上工作岗位。他们能否健康发展，能否成功地扮演自己的社会角色，与自身的劳动素质紧密相关。因此，中职学生应充分认识到劳动教育与未来职业的关系，才能培养与塑造全面发展的社会主义建设者和接班人。

3. 接受劳动教育是学生健康成长的需要

劳动教育促进学生的全面发展和健康成长。劳动教育具有培养劳动技术技能、技术素养的主要功能，同时还具有以劳树德、以劳增智、以劳强体、以劳育美和以劳创新等促进学生全面发展的综合功能。中职学生正处于青年时期，这一阶段的学生正处于心理发展迅速走向成熟但又未完全成熟的阶段，正处于世界观、人生观和价值观的形成时期，而劳动教育总是具有一定的政治和道德意义，是学生整体素质教育的一部分。通过劳动教育，一方面，可以培养学生艰苦朴素、吃苦耐劳的劳动美德，养成尊重他人劳动成果、改变懒惰的劳动习惯，塑造自己的责任心和团队协作品质；另一方面，可以强健体魄，在劳动过程中养成认识问题、分析问题和解决问题的能力，培养学生的创造能力和创新能力，并有利于学生树立正确的世界观、人生观和价值观，帮助学生健康成长。

二、拓展阅读

1. 神舟飞天 20 年

1999 年 11 月 20 日 6 时 30 分，在酒泉卫星发射中心，长征二号 F 运载火箭托举神舟一号飞船发射升空。大约飞行 10 分钟后，飞船与运载火箭成功分离，飞船准确进入预定轨道。

次日凌晨 3 时，地面指挥中心向飞船发出返回指令。在绕地球运行 14 圈、遨游太空 21 小时后，神舟一号飞船于 11 月 21 日 3 时 41 分顺利降落在内蒙古中部地区的着陆场。

2003 年 10 月 15 日，中国首位航天员杨利伟乘坐神舟五号载人飞船，于上午 9 时整在酒泉卫星发射中心载人航天发射场成功发射升空。

这是中国载人航天工程的首次飞行，标志着中国在载人航天飞行技术上有了重大突破，中国载人航天工程从此开始走向太空。

神舟一号飞船是中国载人航天工程发射的第一艘无人试验飞船，主要任务是利用长征二号 F 运载火箭首次飞行试验的机会，着重考核整个载人航天工程总体设计方案的可行性，重点验证飞船返回舱控制及回收技术，考核飞船系统与其他系统的接口关系，以最小配置突破飞船无人状态下的关键技术。

20 多年前神舟一号飞船首飞成功，令国际同行刮目相看。

在恶劣的太空环境中，神舟飞船就是航天员的“安全之舟”。飞船研制团队要实现“上得去”“待得住”“下得来”，必须攻克 18 个重大技术难关，破解成百上千个技术难题。

神舟一号飞船有 13 个分系统、600 多台设备、50 多万个软件程序、300 多根电缆、8 万多个接点，以及 300 多个协作单位，一个都不能出现问题，其难度之高可以想象。

神舟一号飞船达到 8 吨（1 吨=1000 千克）级，创造了当时中国航天器重量的新纪录。长征二号 F 运载火箭不仅要把这么重的飞船送上天，还要确保航天员的安全，其可靠性高达 0.97，安全性高达 0.997。

此外，这次发射首次采用了在技术厂房对飞船、火箭联合体垂直总装与测试，整体垂直运输至发射场，进行远距离测试发射控制的新模式。

中国在原有的航天测控网基础上新建的符合国际标准体制的陆海基航天测控网，也在这次发射试验中首次投入使用。飞船在轨运行期间，地面测控系统和分布于公海的 4 艘远望号测量船对其进行了跟踪与测控，成功进行了一系列科学试验。

放眼全国，载人航天工程除 110 多个直接研制单位以外，还有 3000 多个协作单位，涉及数十万人，带动众多学科领域齐头并进。工程首飞首胜，成为中国高科技事业跨越发展的标志之一，同时也是中国航天史上的重要里程碑。

从此，中国人开辟出一条属于自己的太空轨道。在随后的几年中，神舟二号、三号、四号无人试验飞船相继发射，为载人航天飞行奠定了坚实基础。天地往返、出舱活动、交会对接、航天员中期驻留，这一系列激动人心的太空活动彰显着中国载人航天的非凡速度。

在神舟飞船发射 20 周年之际，中国载人航天工程首任总设计师王永志写下了这样的寄语：“20 年来，中国载人航天飞行任务接连成功，关键技术不断突破，应用效益日益显现，谱写了中国人探索太空的壮美篇章。未来，中国空间站必将为人类经济社会发展做出更多‘中国贡献’，中国人探索太空的脚步必将迈得更大、更远。”

中华人民共和国成立后，中国人在一穷二白的基础上逐步建立健全了自己完整的工业体系。尤其是改革开放以来，中国经济多年保持高速增长，人民生活水平日新月异。中国的腾飞离不开劳动创富。“神舟”系列飞船的成功发射、月球探测工程的开展、港珠澳大桥的建设和通行……在奋斗的过程中，中华民族铸成了许多优秀品质。勤奋劳动、热爱劳动，以勤劳俭朴为荣、以好逸恶劳为耻，等等，这些精神绵绵不断、经久不衰，成为中国人最鲜明的内在素质，更成为引领全国各族人民走向更加美好幸福生活的“导师”。

2. 劳动是一种尊严，也是最好的证明

讲述人：湖南安邦制药有限公司公益文化部部长齐文英

我 3 岁患病，双腿瘫痪，像正常人一样劳动对我来说似乎很遥远。出生在农村的我刨过土、种过菜，拿过杆秤、卖过猪肉，很早就体会了生活的艰辛与不易。正因如此，我打小就有了读书改变命运的想法。

我花了整整 20 年，拄着双拐从小学读到了研究生。小学六年，我每天要走五六里（1 里

=500 米）山路去上学。初中以后，我开始寄宿生活，一切都需要自己打理。

毕业后，从公司文员到部门负责人，我十年如一日地坚守岗位。劳动对我而言是一种尊严，也是一种享受。

我所在的企业是一家有 200 多名残障员工的福利企业。企业老板在接管企业之初动过开除残障员工的念头。有一天中午，他到生产车间视察，看到很多操作工仍在岗位加班。他很好奇，问大家为什么不休息，但是没有一个人回答。陪同视察的秘书拿出纸笔，把问题写下来递给其中一个女孩。女孩用稚嫩的笔迹写下："我们想利用休息时间多包点儿货，多赚点儿钱，我们需要工作养家。"

这句话打消了老板开除残障员工的念头。在他的支持下，我们成立了"学习张海迪"小组，我担任组长。为了帮助残障员工更好地适应企业管理，也让社会感知这个群体的特殊价值，八年来我坚持在做一件事，就是利用周末时间带着他们做公益。

很多人问我："你是做财务的吗？""是搞计算机的吗？""是文秘吗？"我都会摇摇头说："我是做公益的。"我始终相信，通过自己的劳动挣来的生活是有尊严的，通过帮助别人而获得的快乐是最长久的。劳动对我们而言是最好的证明："我们不是社会的负担，我们也能靠劳动实现梦想和价值。"

3. 阳城县职业高级中学校开展劳动教育月主题系列活动

为了响应国家对职业教育改革的号召，阳城县职业高级中学校在课程设置上进行了创新性调整，将劳动专题教育纳入必修课程体系，以提升学生的实际操作能力和劳动意识。不仅加强学生的劳动技能，而且培养了他们尊重劳动、热爱劳动的精神。因此，2023 年阳城县职业高级中学校正式开展劳动教育系列周活动。

在当前社会，随着科技的不断进步，许多工作似乎变得越来越"智能化"，但劳动教育仍然对于青少年的成长至关重要。学校领导深知，通过劳动教育，学生不仅能够学会一技之长，更能在实际操作中培养解决问题的能力，提高团队合作意识，形成积极向上的劳动态度。本次活动在学校领导的精心策划和全体师生的积极参与下，旨在通过一系列劳动实践，培养学生的劳动技能，增强其职业素养，同时也为学生提供了展示自我、锻炼能力的平台。现将本校 2023 年开展劳动教育系列周活动的活动成果汇报如下。

（1）开设劳动专题教育必修课。

开设劳动专题教育必修课，围绕劳动精神、劳模精神、工匠精神、劳动组织、劳动安全和劳动法规等方面普及与学生职业发展密切相关的通用劳动科学知识。专业课教学中渗透劳动教育元素，培养学生"干一行爱一行"的敬业精神，吃苦耐劳、团结合作、严谨细致的工作态度。学校制订了劳动教育课程计划，确保每个专业每学期至少有一周的劳动专题教育时间。在这期间，学生将参与到与专业相关的实际劳动中。此外，学校还与当地企业合作，提供实习机会，让学生在真实工作环境中学习和锻炼。

为保障课程效果，学校成立劳动教育领导小组，由经验丰富的教师担任组长，负责监督和指导劳动教育的实施。同时，学校鼓励教师创新教学方法，如模拟实训、项目式教学等，以提高教学质量。设置劳动教育评价体系，将学生的劳动表现作为评价的一部分，通过考核学生的劳动态度、技能掌握和团队协作能力等，给予相应的学分和奖励。

通过这些具体措施，阳城县职业高级中学校致力于将劳动教育融入学生的日常学习中，使之成为学生综合素质培养的重要组成部分。

（2）举办劳动意义宣讲会。

学校每学期初将组织一次全员参与的劳动意义宣讲大会。通过邀请专家学者、劳动模范等进行宣讲，让学生了解劳动的历史渊源、劳动对社会的贡献、劳动对个人成长的意义，引导学生树立正确的劳动观念，尊重劳动，热爱劳动，向学生们讲述劳动的重要性和劳动者的精神风貌。为了确保宣讲会的效果，学校将采用多媒体教学手段，如视频展示、PPT 演讲等，使内容生动、形式多样。此外，教师队伍也将接受相关培训，提升自身对劳动教育的理解和传授能力。

学校还计划开展一系列与宣讲会相结合的互动活动，如“我和我的劳动故事”分享会，鼓励学生讲述自己的劳动经历，进一步营造校园内外崇尚劳动、尊重劳动者的良好氛围。

（3）开展劳动技能培训班。

根据学生的年龄和兴趣爱好，开设不同类型的劳动技能培训班，如手工制作、园艺种植、木工制作等，让学生在动手实践中学习和掌握劳动技能，培养学生的动手能力和创新意识。学校根据不同专业特点，精心设计一系列针对性的培训课程。每个班级都配备了经验丰富的教师及完备的教学设施。培训班采取小班化教学，确保每位学生都能得到充足的实践机会和个性化指导。在培训过程中，注重理论与实践相结合，让学生在做中学，学中做。学校还建立了一套科学的考核体系，通过阶段性技能测试和最终成果展示，评估学生的培训效果。优秀的学员将有机会参加校内外的技能竞赛，以实战检验学习成效。为激发学生的学习热情，学校对参加培训班并取得优异成绩的学生给予学分奖励和证书认证。这些措施旨在全方位提升学生的职业技术水平，增强其市场竞争力。

（4）举办劳动实践体验营。

组织学生参加各类劳动实践体验活动，如田间劳作、工厂参观、社区服务等，让学生在实践中体验劳动的乐趣，了解劳动人民的辛勤付出，增强社会责任感，让学生亲身体验劳动过程，从而深刻理解专业知识的实际应用。

体验营采用项目制管理方式，学生在老师的指导下，团队协作完成既定的项目任务。通过这种模式，学生不仅能够锻炼技能，还能培养团队合作精神和项目管理能力。此外，学校还与当地企业合作，为学生提供实地考察和实习的机会。通过与企业员工的交流互动，学生能够更好地了解行业现状和未来发展趋势。为了保证劳动实践体验营的效果，学校对参与的学生进行全面的培训，并在活动结束后进行总结评价。学生将有机会获得实践证书，为其职业生涯增添亮点。

（5）开展劳动成果展示会。

劳动成果展示会为学生提供一个展示自己劳动成果的平台，鼓励学生将自己的手工作品、实践项目等进行展示和交流，让学生感受到劳动成果的喜悦和成就感。

学校首先为每个专业班级提供展示区域，让学生能够陈列他们在劳动实践中创作的产品或作品。这些展品涵盖了从汽车维修、烹饪美食到电子商务创新方案等各个方面。为了让参观者更好地了解作品背后的努力和创意，学校要求每位参展学生准备一段简短的介绍，讲述他们的制作过程、遇到的挑战及如何解决问题。学校还邀请了行业专家和企业家参与评审，对学生的作品给出专业的评价和建议。这不仅为学生提供了接受真实反馈的机会，也让他们能够建立起宝贵的行业联系。最后，学校将对优秀作品颁发奖项，并通过校报、校园网站等渠道对外宣传，以彰显学校的劳动教育成果，激励更多学生积极参与劳动实践。

（6）设立劳动周。

① 具体工作内容。

以集体劳动为主，包括打扫校园及修剪花草等活动。

② 举行活动。

a．举办“劳模大讲堂”“大国工匠进校园”活动

学校邀请了多位在各行各业有着杰出贡献的劳动模范来校分享他们的工作经历和劳动故事。这些讲者不仅展示了爱岗敬业的精神风貌，还强调勤奋劳动的重要性。

大讲堂采用互动式讲座的形式，让学生有机会直接与劳模对话，提问交流。通过这种面对面的沟通，学生能够更深刻地理解劳模精神，激发自我奋斗的动力。

为了扩大活动的影响，学校对劳模大讲堂进行录制，并通过校园广播、网站等多种渠道进行播放。此外，还组织学生撰写听后感，进一步深化了活动效果。

b．组织劳动技能和劳动成果展示

广泛宣传劳动榜样人物事迹，特别是身边的普通劳动者事迹，让师生在校园里近距离接触劳动模范，聆听劳模故事，观摩精湛技艺，感受并领悟勤勉敬业的劳动精神，争做新时代的奋斗者。

学校为每个专业提供了展示平台，让学生能够展出在劳动实践中制作的成品或半成品。这些展品体现了学生在专业技能方面的精湛技艺。学校组织了一场盛大的展示会，邀请了校内外嘉宾参观学生的劳动成果。现场还设有互动环节，观众可以提问，学生进行现场解答，展现其对专业技能的掌握程度。

为了确保展示效果，学校提前对学生进行展示技巧培训，包括如何介绍作品、如何回答观众问题等。同时，学校还通过校园媒体对活动进行了广泛宣传，提高了社会各界对中职学生劳动技能的认识。

阳城县职业高级中学校不断加强和改进新时期劳动教育，坚持“五育并举”，以生活劳动

引导学生“会劳动”，以专业实践锻炼学生“能劳动”，以文化浸润、激励学生“爱劳动”，积极探索构建劳动教育新模式，在2023年学校开展劳动教育系列周活动收到良好的效果。

活动感悟（见表1-3）

表1-3　细数感动——寻找老劳模感悟

我的付出	
我的收获	
我的感悟	
活动剪影	（照片张贴处）

活动链接

劳动教育的重要性

（1）劳动创造了辉煌灿烂的历史，让每个中华儿女无比骄傲与自豪。（2）劳动创造了奇迹，让“异想天开”成为现实。《西游记》中的孙悟空一个筋斗能飞十万八千里，而今天，宇航员乘坐中国制造的神舟飞船遨游太空，圆了中国人的飞天梦。（3）劳动铸造了优秀的品质，让生活坚韧而有尊严。中华民族历来是勤劳的民族，中华民族伟大复兴走的是与西方发达国家截然不同的发展道路，即紧紧依靠全民族的精诚团结与艰苦奋斗。

典型案例

传承五四精神　展现青春活力
2023年阳城职中机电工程与交通能源系篮球比赛

为丰富学生的课余生活，增强学生的体育锻炼意识，促进学生的身心健康，4月19日上午，我校机电工程与交通能源系“传承五四精神 展现青春活力”篮球比赛在校体育馆拉开了序幕。

本次赛事分高一、高二两组，采用上下半场比赛制，小组前两名进入决赛。

比赛开始前，双方球员握手致意。赛场上我们是对手，赛场下我们是朋友、是兄弟！我们始终坚守友谊第一、比赛第二的原则。

高一小组赛

4月19日上午进行的是高一小组赛，队员们积极争抢，踊跃投篮，最后汽修15机电38班获得小组第一，机电36无人机2班获得小组第二，双双挺进决赛。

高二小组赛

4月21日下午进行的是高二小组赛，队员们争先恐后，积极投篮，最后机电35班获得小组第一，汽修14机电侧重班获得小组第二，双双挺进决赛。

总决赛

4月23日上午进行了总决赛。比赛高潮迭起，比分交错上升。一次次拼抢，一次次跃起，一次次跌倒又重新站起，球员们的青春气息，点燃了整个赛场。

师生现场观看比赛，为参赛队员加油助威！

哨声响起，双方队员快速进攻、稳固防守，比赛很快进入了白热化。抢断、传球、投篮、防守，他们在为荣誉而战，为集体而拼！他们是赛场上真正的勇士！每一次防守和进攻，都会让所有成员为之屏住呼吸，也让所有在场的师生忍不住叫好。在队友默契的配合下，篮球一次次在空中划过美丽的弧线，准确无误地落入篮筐。潇洒的身影，利落的动作，精准的投篮，将赛事一次次推向高潮，呐喊声、欢呼声和掌声此起彼伏。

颁奖

经过激烈的角逐，最终高一汽修15机电38班获得了冠军。第二名是机电36无人机2班，第三名是机电35班，第四名是汽修14机电侧重班。紧接着，进行了颁奖，机电34无人机1班和机电37班获得了优秀组织奖。至此，篮球赛圆满落幕。

此次篮球赛，既是篮球技术的比拼，也是集体凝聚力的展现，更是励志青春的写照。篮球赛的成功举办，是我校落实“五育并举”政策的具体体现，也是特色文化育人品牌的成果，进一步展现了我校学子自强不息、奋发有为的精神风貌和积极进取、蓬勃向上的朝气活力。

在以后的学习、生活中，同学们将继续传承五四精神，展现青春活力，为创建高水平学校贡献自己的力量！

最美劳动者

唐其沙

生活中的唐其沙头戴安全帽，面戴防尘罩，2017 年 11 月 4 日上午，“90 后”电焊女工唐其沙埋头工作。这里，是某造船公司的 2 号船台。

唐其沙正在钢板包围的船舱里，焊接着高难度的船身外板缝。

不过，就在当天晚上，另一个唐其沙出现了。她打扮得漂漂亮亮，坐在摄像头前，当起了网络主播。唐其沙主播的内容不是游戏、不是美妆，而是电焊知识。有人看吗？有！目前她已经拥有 54.2 万名粉丝。

年纪轻、颜值高，是“大师傅”级人物

唐其沙 1990 年出生在重庆，由于家境贫困，不到 20 岁的她选择当一名当时工资较高的电焊工。5 年前，唐其沙听说舟山造船业需要电焊工，便和同为电焊工的老公来到舟山。走在造船厂，像唐其沙这样年纪轻、颜值高的女子少之又少。“别看我年纪轻，我和我丈夫都是‘大师傅’级别的。”唐其沙说，他们夫妻两人都拿到了船级社焊工最高级别认证——NK-A3Z 技能认证。

“现在天气不热，工作环境已经算好的了。夏天才是最难熬的时候。不单单从头到脚全副武装，还得在温度高达 50℃的船舱里焊接，没过多久浑身就湿透了。但我们都习惯了。”唐其沙笑着说。

为了帮焊友解惑，她开始直播

2017 年 4 月开始，唐其沙每晚下班后，晚上八点半开始直播。“之前，我把焊接作品和造船厂工作环境的视频发到网上，不少同行发来私信请教技术。由于问题实在太多，我就开始直播了。”

以“女焊子沙沙”为名，唐其沙和网友分享电焊知识、焊接作品以及日常生活。没有游戏美妆，更没有低俗怪异，有的只是朴实工作日常，但散发着满满的正能量。

在唐其沙的直播平台上，有这样一句话：“我把最好的年华献给了船厂，献给了中国造船事业。简单的我，过着简单的生活，虽然每天很忙碌，但内心充实开心。”

活动评价（见表 1-4）

表 1-4　反思精进——寻找老劳模活动评价表

担任职务			
责任分工			
评价项目	评价主体		
	自我评价	组长评价	对方评价
劳动意识			
吃苦耐劳			
团队合作			
沟通协调			
责任担当			
改进措施			

注：活动评价表的填写可为等级评价形式。其中，A：优秀；B：良好；C：合格；D：不合格。

活动拓展

活动主题：开展以“我与劳模共成长”为主题的实践活动，认识劳动模范在实践中的榜样模范作用；认识劳模是劳动群众的优秀代表，是民族的精英；形成尊重劳动、热爱劳动的风尚。

活动目的：通过做劳模助手、协助劳模工作，体验、感悟、践行劳模精神，从而在今后的学习、工作、生活中增强使命感和责任感，立足本职、胸怀全局，兢兢业业、肯于拼搏、不怕吃苦，自觉把个人的理想融入国家、社会的安全、和谐、稳定、发展之中。在劳模精神的指引下，争做新时代的劳动模范，在与劳模一起成长中，为中国梦的实现贡献自己的力量。

指导思想：通过开展“我与劳模共成长”实践活动，指引当代青年树立正确的世界观、人生观、价值观，倡导当代青年把民族精神与时代使命有机结合起来，展现新时期青年积极向上的新风采。

活动 2 劳动价值观

活动目标

（1）了解马克思主义劳动观。

（2）掌握正确的劳动价值观的内容。

活动准备

1. 培训学习

在全班开展思想教育工作，提高对劳动的认识。

“劳动创造美好生活”图书分享交流会

（1）活动目的

通过阅读感悟劳动的价值。

（2）活动准备

推荐阅读书籍《我在故宫修文物》（萧寒主编/绿妖撰稿/严明摄影）。

《我在故宫修文物》第一次将镜头对准了故宫的文物修复师们，他们已经存在了几百年，却始终不为人知。书中以口述的形式撰写了12位顶级文物修复师对历史、人生的回顾和感悟，同时也是一本故宫几百年文物修复历史的缩影。

在大时代背景下，一群身怀绝技、妙手回春的文物修复师默默地固守“冷宫”一隅，日复一日地打理着价值连城的“国宝”。他们是故宫里的钟表匠、青铜匠、摹画工、木器工、漆器工……他们一代一代薪火相传，是故宫重要的非物质文化遗产。

宫墙外的世界斗转星移，宫墙内的他们却要用几年的时间摩挲同一件文物。一座宫廷钟表的上千个零件要严丝合缝，一件碎成100多片的青铜器要拼接完整，一幅古画揭一两个月，一幅画临摹耗时几年到几十年……他们用自己的一辈子来诠释“因为热爱所以坚持”“择一事终一生”的牢固信仰。

他们或许没有受过高等教育，他们的身上还留着浓重的匠人气息，他们离开故宫，和普通人没有区别，他们用一辈子“医治”历代大师被岁月腐蚀的作品，最后他们将自己的痕迹抹去。他们在故宫修文物，也修了浮躁的人心，修了欲望，还有人们自以为是的价值标准，这也许是这本书最打动人心的地方。

（3）活动流程

请你阅读本书的某一章节，在读书会上谈谈你对劳动的理解。

2. 事前联络

联系学校相关部门，获得学校的同意，商定活动时间，落实活动所需的材料、场所。

3. 分组分工

根据分工表（见表 2-1）安排人员和任务。

表 2-1　图书分享交流会活动分组分工表

<table>
<tr><th colspan="2">组织设置</th><th>工作内容</th><th>岗位设置</th><th>岗位职责</th></tr>
<tr><td colspan="2" rowspan="2">领导小组</td><td rowspan="2">由班长、团支书、安全委员等干部组成，推选出组长和副组长各一名。领导小组的作用是全面统筹图书分享交流会活动</td><td>组长：</td><td>负责活动中的监督检查、卫生质量把控等</td></tr>
<tr><td>副组长：</td><td>协助组长管理，落实安全责任，监督工作小组执行工作内容</td></tr>
<tr><td rowspan="8">工作小组</td><td rowspan="2">策划协调组</td><td rowspan="2">负责与学校劳动活动安排主管部门进行工作报备及资格审批，负责活动项目的确定、联络、情况了解等工作，落实活动方案，负责其他各工作小组的人员分配、小组间人员的调配与协商</td><td>小组长：</td><td rowspan="8">小组长：负责落实本组工作内容的执行、组员管理、组内分工、组间协调合作

组员：服从组长管理，自觉遵守活动纪律，积极参与、团结协作</td></tr>
<tr><td>组员：</td></tr>
<tr><td rowspan="2">后勤物资组</td><td rowspan="2">负责到学校后勤处领取图书分享交流会所需要的物资并进行分发；安排人员做好前期准备工作</td><td>小组长：</td></tr>
<tr><td>组员：</td></tr>
<tr><td rowspan="2">安全保障组</td><td rowspan="2">拟定《安全承诺书》，组织全班培训，做到安全事项人人知晓。负责活动过程中的安全隐患排查及监督</td><td>小组长：</td></tr>
<tr><td>组员：</td></tr>
<tr><td rowspan="2">宣传编辑组</td><td rowspan="2">负责活动宣传方案的拟定，负责活动中的摄影、摄像及宣传资料收集，负责活动后期的对外宣传工作等</td><td>小组长：</td></tr>
<tr><td>组员：</td></tr>
</table>

4. 安全事项

（1）组织学习学校劳动教育及安全管理部门的规定。

（2）提前向学校管理部门报备《图书分享交流会活动方案》《图书分享交流会活动分组分工表》《图书分享交流会活动安全预案申报表》（见表 2-2），进一步明确组织安排、人员分工、活动流程和安全责任。拟定《安全承诺书》，每位同学签字后留存备查。

表 2-2　图书分享交流会活动安全预案申报表

申报班级		部门负责人（签字）	
活动内容		活动地点	
活动时间		参与学生	
带队教师			
图书分享交流会活动安全预案			
分管部门意见			
分管副校长意见			
校长意见			

（3）进行任务交代和安全培训，班委干部或团支部干部做好会议记录，留存备查。

5. 物资准备

（1）摄影、摄像器材。

（2）活动必需的个人防护物资（口罩、云南白药、消毒酒精、创可贴）。

（3）小奖品（同学们自己制作的手工创意小作品）。

6. 场地准备

活动场地安排在实训室。将实训室布置成讨论会形式。

活动步骤

一、了解基础知识

（一）马克思主义劳动观

劳动是马克思用以分析人类历史发展的核心范畴之一。人类历史是以人的物质劳动作为载体的历史，劳动在整个人类社会和社会历史的发展中处于关键性地位。在历史唯物主义的视域中，马克思对人类劳动的基本价值进行的分析主要表现为劳动创造世界、劳动创造历史和劳动创造人本身三大主张。

1. 劳动创造世界

马克思认为，构成人类赖以存在的现实世界的关键要素之一正是人的劳动，而且这种劳动是现实生活中的人的感性物质劳动，即作为人类实践活动最基本形式的“生产劳动”。马克思认为，这是区分人与动物的关键。“当人开始生产自己的生活资料，即迈出由他们的肉体组织所决定的这一步的时候，人本身就开始把自己和动物区别开来。人们生产自己的生活资料，同时间接地生产着自己的物质生活本身。”从这里可以看出，人类的生产劳动都是有意识、有目的的活动，其试图创造出一个可以满足人类生活需要的物质世界。

不过，在马克思看来，从事生产劳动的个体“并不是处在某种虚幻的离群索居和固定不变状态中的人，而是处在现实的、可以通过经验观察到的、在一定条件下进行的发展过程中的人”，这使劳动个体的生产劳动并不只是单一地生产出外部物质世界的现实性，而且还生产出人类社会生活的现实性。因此，马克思历史唯物主义所理解的世界，本身是人类的现实生产劳动的结果，而不是与人类的现实生产劳动无关的抽象的外在实体。

也正是通过劳动，人类和外部世界的关系才发生了根本性的转变，原先自在意义的自然世界逐渐成为自为意义的人类世界。在这一世界中，关键性的问题不再是通过劳动来解释或直观，而在于改变或改造世界。作为人类最基本实践活动形式的劳动，也不再只是单纯地依靠人的感性活动，而是将感性活动转变为人的现实社会活动。由此，马克思正式揭示了劳动的社会规定性，并从人与人的社会关系层面来理解和把握劳动，从而实现了历史唯物主义对之前一切旧唯物主义的根本性超越。

2. 劳动创造历史

在马克思看来，只有人类的生产劳动，才真正构成了人类历史的基础，才是解开人类历史发展秘密的钥匙。他说：“人们为了能够‘创造历史’，必须能够生活。但是为了生活，首先就需要吃喝住穿以及其他一些东西。因此，第一个历史活动就是生产满足这些需要的资料，即生产物质生活本身，而且，这是人们从几千年前直到今天单是为了维持生活就必须每日每时从事的历史活动，是一切历史的基本条件。”这表明，只有立足于生产劳动，才能真正理解人类历史的发展，只有劳动人民，才是历史的创造者，而人类创造历史的行动蕴含在日常生产劳动之中。马克思由此批判了各种独立于人的生产劳动之外的唯心主义历史观，并将劳动看作建立历史唯物主义的基石，人类历史发展的一切现实性都离不开人的劳动过程。对于马克思的这一伟大发现，恩格斯曾经鲜明地指出，“历史破天荒第一次被置于它的真正基础上；一个很明显的而以前完全被人忽略的事实，即人们首先必须吃、喝、住、穿，就是说首先必须劳动，然后才能争取统治，从事政治、宗教和哲学等，这一很明显的事实在历史上的应有之义此时终于获得了承认。”总体来看，在马克思的历史唯物主义中，劳动被看作“一切历史的基本条件”和“人类的第一个历史性活动”，其既是人类历史发展的事实起点，也是整个历史唯物主义建构的逻辑起点。马克思正是通过劳动来揭示物质资料生产的作用，发现了人类社会关系发展的客观规律性，并由此肯定了人的主体地位，继而发现劳动人民在历史发展中的伟大作用。而这正是马克思全面建立历史唯物主义的两个理论准备。

3. 劳动创造人本身

马克思深刻指出，劳动不仅创造出人类的物质世界和社会历史，还创造了人类自己。“劳动首先是人和自然之间的过程，是人以自身的活动来引起、调整和控制人和自然之间的物质交换的过程。”这是由于为了能够在对自身生活有用的形式上占有自然物质，人类必须使其身上的自然力——臂和腿、头和手运动起来，而当人类通过这种运动作用于他身外的自然并改变自然时，也就同时改变其自身所处的社会生活及人类本身。因此，劳动是整个人类生活的第一个基本条件，而且达到这样的程度，以致我们在某种意义上不得不说：劳动创造了人本身。对此，恩格斯在《自然辩证法》一书中依据当时的科学研究成果，从人类起源的意义上论证了劳动在从猿到人的转变过程中具有决定性作用。这种决定性作用主要体现在两个方面：不仅在人类的起源意义上，是劳动创造了人本身，而且在人类的进化意义上，也是劳动创造了人本身。正是在改造世界的劳动过程中，人类才真正地证明自己是类存在物，而劳动就是人类能动的类生活。人只有通过作为类生活的劳动，自然界才表现为他的作品和他的现实。因此，劳动的对象是人的类生活的对象化：人不仅像在意识中那样在精神上使自己二重化，而且能动地、现实地使自己二重化，从而在他所创造的世界中直观自身。总之，劳动不仅是人的本质规定，更是人类自身生产和再生产的创造过程。

（二）树立正确的劳动价值观

劳动是国家发展的动力，是民族复兴的基石。中华人民共和国成立后，党中央高度重视“五一”国际劳动节，通过表彰全国劳动模范和先进工作者，弘扬劳动精神，推动全民树立正确的劳动观和价值观。青少年时期是树立正确价值观的关键时期，中职学生要从以下几个方面树立正确的劳动价值观。

1. 为建设社会主义、实现共产主义而劳动

无产阶级劳动观集中反映了无产阶级和广大人民群众的根本利益，它能够促进社会主义物质文明建设和精神文明建设的深入发展，应在工作实践中努力树立无产阶级的劳动观。新中国成立以来，已经走过了 70 多年艰难曲折而又光辉灿烂的道路，各方面都取得了巨大的成就。但我国是发展中国家，摆在我国面前的困难仍然很多，要实现社会主义现代化强国建设目标的宏伟蓝图还有很长的路要走。我国的发展任务是艰巨的，还需付出比当今发达国家更加艰辛的劳动，才能缩小差距，逐步到达理想的境界。如何更加勤奋、科学、有效地通过劳动，加速社会主义现代化建设，是摆在全国人民特别是青年一代面前的严峻课题。

正因为如此，教育工作者应着重培养中小学生从小立志，发愤读书，用自己的辛勤劳动，为社会主义现代化建设，为共产主义理想的早日实现，贡献自己的智慧和力量。

2. 尊重劳动人民

劳动人民是历史的创造者，是社会主义建设的主力军，是他们通过劳动创造了财富，推动了历史的发展。应努力树立尊重劳动人民的观念，加深对劳动人民的理解，培养与劳动人民的亲密感情。

尊重劳动人民，要树立全心全意为人民服务的思想，培养与劳动人民同甘共苦的思想感情。现代著名作家赵树理深入农村，和农民一起生活了十几年，虚心学习农民勤劳、善良、质朴的优秀品质，使自己的感情、衣食住行和言谈举止完全农民化了，他就是怀着对农民群众的深厚感情，在深入体验生活的基础上写出了许多著名的反映农村生活题材的中长篇小说。高级农艺师、共产党员周君敏不恋上海的繁华，大学毕业后扎根胶东山区，一干就是近四十年，她生活俭朴、工作勤恳，退休后仍为农村的果林建设而忘我工作，为山区人民的致富流尽了汗水，也赢得了人民的尊敬和爱戴。这些老前辈在与工农相结合的道路上，在全心全意为人民服务的思想作风上，为人们树立了光辉的榜样。

3. 珍惜劳动成果

珍惜劳动成果是我国劳动人民的传统美德。今天不仅要继承和发扬它，还要世世代代传下去。对劳动成果的珍惜，主要从保管、使用和爱护公共财物等方面着手。

所谓珍惜，是指把有益于人民、有益于社会的劳动成果当作珍宝一样爱惜。因为每项成果的完成，都需要花些时间，流一些汗水，付出一些精力，有的甚至牺牲生命。且不说人们日常生活中吃的、穿的、用的、住的，有些科研成果往往要花费几年、几十年的精力，经历几十次、几百次的实验，才能取得成功。只要某种成果对人民有好处，不管它是普通的还是特殊的，不管它是古人留下的还是当代新发明创造的，不管它是自己的还是别人的，都要对它细心保管、精心爱护，绝不能让它随意流失、腐蚀和损坏，还要注意节俭使用，不能铺张

浪费。

勤俭节约是中华民族的光荣传统。毛泽东同志说过：“贪污和浪费是极大的犯罪。”为什么这么说呢？贪污即贪占了人民的劳动成果，是一种不劳而获的可耻行为。浪费是对人民的劳动成果不珍惜的行为，同样是对人民的犯罪。中国共产党历来号召全党同志、全国人民勤俭办事。对劳动成果用之得当，可以说是勤俭节约的一个重要方面。我国是个大国，人口众多，家大业大，但目前财力还不够富足，因此在社会主义建设的每项事业中都应当计划得当，科学实施，节约开支。即使一个家庭，在安排生活时，也要精打细算。

4．积极参加劳动，养成劳动习惯

良好的劳动习惯主要表现为热爱劳动、习惯劳动、适应劳动，自觉自愿地参加劳动。良好的劳动习惯不是与生俱来的，而是在长期的社会实践中逐渐养成的。青年学生在思想品德等方面可塑性很强，应加强修养和学习。同理，在劳动习惯的培养和劳动观念的树立上也具有很强的可塑性，也需要在实际的各类劳动中磨炼和培养。

（1）应端正劳动态度，提高对劳动意义的认识。青年学生应努力树立正确的劳动观，把劳动看作锻炼自己、发挥自己才力的必要条件，看作不断完善自己理想人格的重要前提，这样才不至于把劳动看作额外的负担而皱着眉头去被动地应付。端正了劳动态度，劳动积极性被调动起来了，劳动成为一种愉快的活动，它的经济效益和社会效益也会相应地增强。

（2）青年学生应首先积极参加自己职责范围内的劳动和自我服务性质的劳动。从不显眼的值日（扫地、擦黑板、擦桌椅门窗等）劳动做起，从环境卫生的打扫做起，从提水洗衣做起，培养自己的劳动兴趣，磨炼自己的劳动意志，从疲筋骨、劳心志的“苦”中去寻求无尽的“乐趣”。青年学生切不要自命不凡，误认为自己不是做“小事”的材料，大事做不来，小事不屑做，总想将来必定会成就一番所谓的“大事业”，结果到头来成了一个“拔一毛利天下而不为”的人，一个什么事也做不了的庸庸碌碌的人。生活中此类的教训是很值得人们引以为戒的。

知识链接

明朝朱柏庐在他的家训中告诫子孙：“黎明即起，洒扫庭除，要内外整洁；既昏便息，关锁门户，必亲自检点。”朱柏庐为什么要给子孙留下这样的告诫呢？说说你对这句话的理解。

（3）劳动习惯的养成需要在全心全意为人民服务的思想指导下，在当人民的老黄牛吃苦精神的鞭策下，在众多的像雷锋那样的先进模范人物的英雄事迹影响带动下，积极主动地经常参加义务劳动，争做好人好事。如果一个人不经过长期实践的锻炼，只是偶尔做做样子、摆摆花架子给别人看，那么他为人做好事的心理素质、对消极舆论的承受能力都是靠不住的，更谈不上养成良好的劳动习惯。

二、拓展阅读

只要不懒惰，生活肯定会越来越好

因为偶然看到一场养蜂直播，云南省西双版纳傣族自治州的哈尼族青年爬图开启了养蜂之路。刚开始养蜂，家里所有人都反对，觉得做这行不会有前途。

开始时确实出现了喂养不当导致蜂蛹脱落死亡等情况，现在使用蜂蜜、蚂蚱、活体小蜜蜂搭配喂养，效果改善明显。除了小蜜蜂以外，爬图又尝试在网络上学习新技术，培养胡蜂和虎头蜂。

随着技术逐渐成熟，爬图的蜜蜂事业不断壮大。通过年复一年的勤劳付出，一家人不仅摆脱了贫困，2019 年还花了 10 万元买了辆越野车。

爬图说："现在国家政策好，对我们少数民族帮助也多，生活比以前好多了。只要不懒惰，生活肯定会越来越好。"

活动链接

陶华碧

"没有过不去的坎，天大的困难，一挺就过去了。"全国人大代表、贵阳南明老干妈风味食品有限责任公司董事长陶华碧在 2009 年 3 月 7 日上午的小组讨论上，谈到金融危机下企业面临的困难时，用一句朴实的话鼓舞着大家。

提起"老干妈"辣酱，几乎无人不晓，从农村走出来的十一届全国人大代表陶华碧正是这个"老干妈"辣酱的创始人。这个没有多少文化的农村妇女通过脚踏实地的努力，白手起家，创办了一个员工 5000 多人，年销售总额达 20 亿元，上缴利税上亿元的私营大企业。

"老干妈"很聪明。1989 年，陶华碧用省吃俭用积攒下来的一点钱，在贵阳市南明区龙洞堡的一条街边，盖了个简陋的"实惠餐厅"，专卖凉粉和冷面，她特地制作了专门拌凉粉的作料麻辣酱，生意兴隆。一天，陶华碧没有备麻辣酱，顾客听说没有麻辣酱，转身就走了。

有心的陶华碧意识到，她调制的辣椒酱才是顾客喜欢的，经过反复试制，她制作的麻辣酱风味更加独特了，很多客人吃完凉粉后，还要买点麻辣酱带回去，甚至有人专门来买她的麻辣酱。1996 年 7 月，陶华碧借了两间房子，招聘 40 名工人，办起了食品加工厂，专门生产麻辣酱，定名为"老干妈"麻辣酱。

"老干妈"很善良。说起这家公司的产品得名"老干妈"，还有一段动人的故事。陶华碧为人厚道、富有同情心，曾资助某工厂子弟学校的一名学生读书。这名学生便亲热地叫她"老干妈"，久而久之周围的人都跟着这样称呼她。后来，她的产品也因从不掺杂使假、不缺斤少两，被消费者叫作"老干妈"。

"老干妈"很倔强。"我要对得起消费者！""没有大国哪有小家？""最困难的时候我要坚强！"

“天大的困难，一挺就过去了！”小组讨论中，倔强的“老干妈”反复用这些话鼓舞着大家。

在金融危机席卷全球的情况下，陶华碧逆势而行，目前又招聘了一批农民工和下岗工人到厂里上班，她说：“金融危机使许多农民工找工作成了难题，但这并不可怕，农民工一样可以通过自己的努力和聪明智慧闯出一条路。”

典型案例

传承红色基因 建设书香校园

阳城职中“4·23 世界读书日”主题诵读活动

在“4·23 世界读书日”来临之际，我校围绕“师生共建书香阳城、万人诵读红色经典”主题，开展了“传承红色基因，建设书香校园”世界读书日主题诵读活动。

机电 36 无人机 2 班

机电 36 无人机 2 班全体同学铿锵有力的《廉洁颂》，让大家认识到：廉洁是时代发展的最强音，廉洁是社会发展的主旋律！通过本次主题诵读活动，教育同学们要廉洁自律，赓续红色精神血脉，厚植爱国爱党情怀，启智润心树品铸魂，为建设书香阳城、书香校园做出自己的贡献！

机电 37 班

世界读书日，争做读书人。机电 37 班阅读《沁园春·长沙》《沁园春·雪》《我的“自白”书》《有的人》《七律·长征》。读书唤起的红色记忆，给我们深刻的精神洗礼，让我们共同遨游在红色经典中，将“红色基因”传承下去！

机电 38 汽修 15 班

机电 38 汽修 15 班朗诵的臧克家先生《有的人》和陈然烈士《我的“自白”书》，让同学们领略到革命先辈视死如归的英雄气概和“俯首甘为孺子牛”的革命精神，树立正确的世界观、人生观、价值观，告诉同学们珍惜今天的美好生活，要时刻准备为共产主义奋斗终身。

机电 34 班

机电 34 班诵读内容为《沁园春·雪》《沁园春·长沙》《七律·长征》。诵读过程中，同学们领略到诗词彰显的光辉和魅力，感受到常读常新、常悟常新的传世经典，深刻体会到中国共产党人的昂扬斗志、顽强精神、价值追求和思想境界，传承红色基因，提升文化软实力，增强文化自信，为建设书香校园添砖加瓦。

机电 35 班

诵读红色经典，传承红色精神。机电 35 班全班同学诵读了《少年中国说》《沁园春·雪》《沁园春·长沙》。青年是一个民族的希望，青年肩负着保卫和建设祖国的重任。通过诵读，同学们感受到，作为新一代青年，必须发奋图强，以只争朝夕的精神为理想而奋斗。

汽修14机电侧重班

汽修14机电侧重班全体同学抑扬顿挫、慷慨激昂、声情并茂地朗读了《沁园春·雪》《七律·长征》《七律·人民解放军占领南京》《沁园春·长沙》《水调歌头·重上井冈山》《忆秦娥·娄山关》《浪淘沙·北戴河》《采桑子·重阳》《清平乐·会昌》《水调歌头·游泳》。让我们诵读红色诗词，传承红色基因，建设书香校园。

本次主题诵读活动，营造了良好的读书氛围，推进了书香校园、文明校园、特色学校建设，广大学生养成了爱读书、多读书、读好书的良好习惯，达到了预期效果。

最美劳动者

李志强

李志强扎根西安昆仑公司20多年，先后荣获“陕西带徒名师”称号、陕西省五一劳动奖章等荣誉，2021年获批享受国务院政府特殊津贴。2022年“五一”前夕，他又被授予“陕西省劳动模范”荣誉称号。这些荣誉的背后，是他乐于创新、乐于奉献、乐于传技的精工巧匠成才之道。

乐于钻研勇创新

“李师是公司最先使用推广宏程序操作法的。”“使用宏程序加工方法后，产品质量稳定，工作效率较2019年提高了3至5倍。”李志强的同事说。

“以前干一批活，第1件用时3天，改用宏程序后仅4小时，且达到相关要求。”谈及宏程序，李志强如数家珍。

要说与宏程序的“结缘”，还是2008年他参加兵器装备集团职业技能竞赛的一道笔试题。竞赛答题过后，好奇心驱使他要学个明白，找资料、上网搜课程……机会总是留给有准备的人。2012年7月，李志强终于有机会首次实践宏程序。

编参数、加工、测量……连续3天，他吃不好、睡不香，满脑子都是程序。功夫不负有心人，李志强创新使用的分层加工方法，在壁薄、硬度高、定位小且受力易变形的零件加工中，不仅缩短了加工时间、减少了刀具损耗，还提高工效2倍以上。

乐于解惑讲奉献

作为技术指导，李志强每天会在每个工位前提醒大家注意事项，抽样测量尺寸，发现问题及时纠偏。经营计调室主管调度孟攀斌说，作为技术指导，李志强经常穿梭在各个工位间忙碌。“我们班2018年5月组建，现有员工34人，大部分都是从普通铣工转岗到数控的年轻人，李师调过来后，经常给大家看程序、调活，无论谁遇到难题，总是有问必答。”机加六班班长徐云飞说。

2020年，大家工资正增长，李志强却负增长，可他毫无怨言。李志强说，大家有难题，帮着解决，年轻人进步，他也挺高兴的。当年，李志强作为数铣教练和领队，参加了4次技能大赛，参赛者需要脱岗培训4个多月，收入虽减少了，但他觉得有机会和优秀选手学习交流，也值了。

乐于带徒传技能

“进厂 7 年就当上了技师，挺高兴！李师一直陪着，学不会都不好意思。”李志强的徒弟雷超说。

他的另一位徒弟赵少飞提起师傅对自己的好，感激之情溢于言表：“有一次，我两个小时都解决不了问题，师傅耐心细致教我分析工艺、装夹刀具、再编程序……坚定了我学技能的信心。”

一枝独秀不是春，百花齐放春满园。为了让更多同事学会宏程序，李志强在干好本职工作的同时，被赋予了更多使命：2018 年至今为数控工人授课约 90 小时，累计培训 200 余人次，13 名徒弟已成长为技师、高级技师，他连续两次荣获公司优秀导师。

面对荣誉，李志强表示，自己只是立足本职，干了该干的，没什么了不起。是西安昆仑公司给了他成长的舞台……多思考多发现多钻研，困难就能迎刃而解。朴实无华的语言道出了他“心心在一艺，其艺必工”的内涵。

活动评价（见表 2-3）

表 2-3　反思精进——图书分享交流会活动评价表

担任职务			
责任分工			
评价项目	评价主体		
	自我评价	组长评价	对方评价
劳动意识			
吃苦耐劳			
团队合作			
沟通协调			
责任担当			
改进措施			

注：活动评价表的填写可为等级评价形式。其中，A：优秀；B：良好；C：合格；D：不合格。

活动拓展

请你搜索关于珍惜劳动成果的名言或名人事迹并进行分享。

项目二

劳动精神

活动3 劳动精神概述

活动目标

（1）了解劳动精神的内容。
（2）了解弘扬劳动精神的实质。
（3）理解“不同的时代有不同的劳动精神”。

活动准备

1. 培训学习

组织学生观赏电影《匠心》，提高思想认识，通过观看电影，感悟工匠精神的内涵。

《匠心》电影观赏与心得交流分享会

（1）活动目的

通过观看电影，感悟工匠精神的内涵。

（2）活动准备

推荐观看电影《匠心》。

电影《匠心》主要讲述了青年设计师陆曦机缘巧合回到故乡木雕小镇，重拾祖孙情与匠心精神的故事。该片于2019年4月22日在人民大会堂举行全国首映发布会，于2019年7月18日公映。

在远离繁华大都市的木雕小镇上，传统的中华工艺依旧在代代传承。青年设计师陆曦和台商方寒冰为了一个建筑修复方案误打误撞回到自己的故乡木雕小镇，在这里重拾祖孙情，也找到了当下社会年轻人所缺失的匠心精神。

作为新中国成立70周年的文艺献礼片，《匠心》成功地使“匠人精神”焕然一新。“匠”字不单是指有手艺的人，是职业，也是态度，更是精神。提到匠心，人们脑海中浮现的都是宏伟的建筑、精美的瓷器、精致的木雕。影片《匠心》虽聚焦在木雕这一行业，但是上映以来，社会各界的观众都在影片中看到自己的影子，找到了自己的榜样。

曾几何时，工匠是一个中国老百姓日常生活中须臾不可离的职业，如木匠、铜匠、铁匠、篾匠、石匠等，各类手工匠人用他们精湛的技艺为传统生活景图定下底色。随着农耕时代结束，社会进入后工业时代，一些与现代生活不相适应的老工艺、老工匠逐渐淡出日常生活，但工匠精神永不过时。

（3）活动流程

观看本影片，将你对工匠精神的理解和感悟说出来。

2. 分组分工

根据分组分工表（见表3-1）安排人员和任务。

表3-1　电影观赏与心得交流分享会活动分组分工表

<table>
<tr><th colspan="2">组织设置</th><th>工作内容</th><th>岗位设置</th><th>岗位职责</th></tr>
<tr><td colspan="2" rowspan="2">领导小组</td><td rowspan="2">由班长、团支书、安全委员等干部组成，推选出组长和副组长各一名。领导小组的作用是全面统筹电影观赏与心得交流分享会活动</td><td>组长：</td><td>负责活动中的监督检查、卫生质量把控等</td></tr>
<tr><td>副组长：</td><td>协助组长管理，落实安全责任，监督工作小组执行工作内容</td></tr>
<tr><td rowspan="8">工作小组</td><td rowspan="2">策划协调组</td><td rowspan="2">负责与学校劳动活动安排主管部门进行工作报备及资格审批，负责活动项目的确定、联络、情况了解等工作，落实活动方案，负责其他各工作小组的人员分配、小组间人员的调配与协商</td><td>小组长：</td><td rowspan="8">小组长：负责落实本组工作内容的执行、组员管理、组内分工、组间协调合作

组员：服从组长管理，自觉遵守活动纪律，积极参与、团结协作</td></tr>
<tr><td>组员：</td></tr>
<tr><td rowspan="2">后勤物资组</td><td rowspan="2">安排人员做好前期准备工作；场地布置；活动结束后的清理工作等</td><td>小组长：</td></tr>
<tr><td>组员：</td></tr>
<tr><td rowspan="2">安全保障组</td><td rowspan="2">拟定《安全承诺书》，组织全班培训，做到安全事项人人知晓。负责活动过程中的安全隐患排查及监督</td><td>小组长：</td></tr>
<tr><td>组员：</td></tr>
<tr><td rowspan="2">宣传编辑组</td><td rowspan="2">负责活动宣传方案的拟定，负责活动中的摄影、摄像及宣传资料收集，负责活动后期的对外宣传工作等</td><td>小组长：</td></tr>
<tr><td>组员：</td></tr>
</table>

3. 安全事项

（1）组织学习学校劳动教育及安全管理部门的规定。

（2）提前向学校管理部门报备《电影观赏与心得交流分享会活动方案》《电影观赏与心得

交流分享会活动分组分工表》《电影观赏与心得交流分享会活动安全预案申报表》(见表 3-2),进一步明确组织安排、人员分工、活动流程和安全责任。拟定《安全承诺书》,每位同学签字后留存备查。

(3)进行任务交代和安全培训,班委干部或团支部干部做好会议记录,留存备查。

表 3-2　电影观赏与心得交流分享会活动安全预案申报表

申报班级		部门负责人(签字)	
活动内容		活动地点	
活动时间		参与学生	
带队教师			
电影观赏与心得交流分享会活动安全预案			
分管部门意见			
分管副校长意见			
校长意见			

4. 物资准备

(1)摄影、摄像器材。

(2)活动必需的个人防护物资(口罩、云南白药、消毒酒精、创可贴)。

(3)小奖品(同学们自己制作的手工创意小作品)。

5. 场地准备

活动场地安排在实训室。由同学们将桌面上的书本清理干净,最后检查教室里的多媒体设备能否正常使用。

活动步骤

一、基础知识了解

（一）认识和弘扬劳动精神

伟大的时代需要伟大的精神，伟大的精神来自伟大的人民。中华民族历来就有勤劳勇敢、自强不息的优良传统，辛勤劳动、诚实劳动、创造性劳动的理念和劳动最光荣、劳动最崇高、劳动最伟大、劳动最美丽的价值观。

中华人民共和国历史上涌现出了一大批热爱劳动的先进典型，在他们身上、在长期的劳动实践中沉淀起来的精神是社会发展的动力源泉。

1. 认识劳动精神

劳动精神是全体劳动者共同的精神财富。劳动精神是对广大劳动者劳动实践的高度肯定与科学总结，是人类为了自身的幸福而不懈努力奋斗的实践结晶。人民创造历史，劳动开创未来，劳动是推动人类社会进步的根本力量。“劳动创造了人本身”“劳动是唯一价值源泉”“劳动创造财富，劳动使人幸福”等积淀成为劳动者的精神力量。正是一代代劳动者的共同努力，创造了辉煌的人类历史，书写了地球家园的绚烂篇章。

劳动精神是每位劳动者为创造美好生活而在劳动过程中秉持的劳动态度、劳动理念及其展现出的劳动精神风貌。劳动是财富的源泉，也是幸福的源泉。

劳动创造了中华民族，造就了中华民族的辉煌历史，也必将创造出中华民族的光明未来。“一勤天下无难事”，必须牢固树立劳动最光荣、劳动最崇高、劳动最伟大、劳动最美丽的观念，让全体人民进一步焕发劳动热情、释放创造潜能，通过劳动创造更加美好的生活。全社会都要贯彻尊重劳动、尊重知识、尊重人才、尊重创造的方针，维护和发展劳动者的利益，保障劳动者的权利。要坚持社会公平正义，排除阻碍劳动者参与发展、分享发展成果的障碍，努力让劳动者实现体面劳动、全面发展。全社会都要热爱劳动，以辛勤劳动为荣，以好逸恶劳为耻。

劳动精神在理念认知上表现为全社会热爱劳动、尊重劳动、崇尚劳动，在行为实践上表现为劳动者辛勤劳动、诚实劳动、创造性劳动。两者构成劳动精神内涵的整体。

尊重劳动是指对劳动的认识，把劳动作为人类的本质活动，作为创造财富和获得幸福的源泉，尊重一切有益于人民、造福于社会的劳动者及其劳动价值；崇尚劳动是指对劳动的态度，认为劳动价值有大小，劳动分工无贵贱，劳动最光荣、劳动最崇高、劳动最伟大、劳动最美丽；热爱劳动是指对劳动的情感，焕发劳动热情，积极投身劳动，珍惜劳动成果，把劳动与实现自身价值紧密结合起来。尊重劳动、崇尚劳动、热爱劳动这三个层面涉及对劳动的理性认知、感性把握和内在情感，体现为对劳动共通的社会认识到个人的品行追求这样一个由表及里、逐步内化的过程。

辛勤劳动是指勤奋敬业、埋头苦干，是劳动者应有的基本要求，是诚实劳动、创造性劳动的基础和保障；诚实劳动是指脚踏实地、恪尽职守，遵守法律法规和政策，遵循职业道德规范和工作标准，实事求是地认识与对待劳动过程和劳动成果，是辛勤劳动的升华，也是创造性劳动的前提；创造性劳动是指敢闯敢试、开拓创新，体现了体力劳动和脑力劳动、简单劳动和复杂劳动的结合，是辛勤劳动、诚实劳动的发展。

2. 弘扬劳动精神

弘扬劳动精神就是要弘扬勤劳勇敢、爱岗敬业、诚实守信的实干精神。全面建设社会主义现代化国家，我国亿万劳动群众是主体力量。广大劳动群众要爱岗敬业、勤奋工作，锐意进取、勇于创造，不断谱写新时代的劳动者之歌。勤劳勇敢是指有毅力、有勇气、有胆量的劳动。爱岗敬业是指热爱劳动、尊重劳动、崇尚劳动，做到辛勤劳动、勤奋工作。诚实守信是指脚踏实地、恪尽职守，遵守法律法规和政策，遵循职业道德和标准。勤劳勇敢、爱岗敬业、诚实守信的实干精神是劳动精神的内涵。全体劳动者都要牢记“大道至简，实干为要”的道理，脚踏实地、撸起袖子加油干，在劳动中实现自身价值。

弘扬劳动精神，就是要弘扬锐意进取、建功立业、甘于奉献的奋斗精神。劳动模范身上体现的“爱岗敬业、争创一流，艰苦奋斗、勇于创新，淡泊名利、甘于奉献”的劳模精神，是伟大时代精神的生动体现。劳模精神是劳动精神的升华。锐意进取是指意志坚决地追求上进。建功立业是指建立功勋、成就大业。甘于奉献是指在劳动中忘记“小我”，不计较个人得失，时时铭记祖国需要。锐意进取、建功立业、甘于奉献的奋斗精神是劳动精神的更高体现。每个劳动者都应牢记“幸福是奋斗出来的”，生命不息、奋斗不止，在劳动中实现美好的未来。

弘扬劳动精神，就是要弘扬精益求精、严谨专注、追求卓越的创新精神。精益求精是指以高品质的要求对自己的产品不惜花时间和精力精雕细琢、注重细节，把一件事情做到极致。严谨专注是指耐住寂寞、经住诱惑，不达目的绝不放弃。追求卓越是指为了质量而孜孜不倦、乐此不疲。精益求精、严谨专注、追求卓越的创新精神是劳动精神的专业要求。新时代劳动者要勇于创新、追求品质，为推动“质量强国”提供源源不竭的动力。

生在新时代，只有大力弘扬和践行劳动精神，树立正确的劳动价值观，才能进一步激发劳动者的劳动热情，用劳动托起中华民族伟大复兴的中国梦。

（二）劳动精神的时代性

一个时代有一个时代的劳动者，一个时代有一个时代的劳动精神。

1. 铁人精神

20 世纪五六十年代，“宁可少活 20 年，拼命也要拿下大油田”“有条件要上，没条件也要上”，

“铁人”王进喜带领工人克服万难，创造了我国石油工业发展的奇迹。

2. 科研精神

新中国成立后，大批海外学子怀着殷殷报国心，克服重重困难，回到了当时一穷二白的祖国，投入新中国的建设中。到 1957 年，归国的海外学者已经达到 3000 多人，占新中国成立前全部海外留学生和学者的一半以上。他们中大多数人成为新中国各个领域科学技术发展的奠基人或开拓者，在那个激情燃烧的年代，带领着全国科研人员在极为困难的条件下自力更生、艰苦奋斗，创造了一系列举世瞩目的科技奇迹，更给后人留下了宝贵的精神财富。20 世纪七八十年代，“知识就是力量，时间就是生命”，陈景润等一大批科学家与时间赛跑，大大提升了我国的科研水平。

3. 企业家精神

21 世纪，互联网时代风起云涌，“企业家要有创新精神”，部分企业家带领员工转变观念，改变世界。

二、拓展阅读

1. 实干兴邦，青年担当

2018 年 5 月 17 日，中国首枚民营自主研发的商用亚轨道火箭“重庆两江之星”腾空而起，火箭在 306 秒时间里飞行了 273 千米，然后落入预定区域，实现了长时间的临近空间有控飞行，获取了大量的真实飞行环境数据。

有评论称，这是中国太空探索计划最新的里程碑。这意味着又有一群中国年轻人加入了“天空俱乐部”，在蓝天上写下自己的名字，在商业航天领域里追逐梦想。

完成这一创举的是一个平均年龄仅 32 岁的团队。他们的领头人舒畅，当时仅 33 岁。

当创新创业的浪潮在中华大地风起云涌时，一大批青年踏着时代的节拍走上了实干报国的道路，诠释青春和奋斗的意义。

对于舒畅来说，踏上创业之路，一靠专业，二靠激情。他大学本科就读于北京航空航天大学航空科学与工程学院飞行器设计与工程专业，其间，他产生了未来要创建一家航天技术公司的想法。

2015 年，政府开始就商业航天立法广泛征求意见，中国商业航天的政策窗口逐步开启。“我得勇敢地去闯这条路，做先行者。”舒畅从广袤的天空发现巨大商机时，嗅出了梦想的味道。

就在这一年，他创立了中国第一家营业执照上写着“运载火箭及其他航天器”的民营企业——零壹空间，致力于小型商业运载火箭、亚轨道飞行试验平台、各类型核心单机产品的研制及技术转化。一开始，舒畅就试图为创业植入“与别人不同”的基因，“全世界都没有我们 X 系列这样的产品，专门为航天高新技术研究提供飞行试验服务，这样的细分领域，我们算是第一个。”

他一步步迈向自己的梦想：2018 年，成功地将两枚亚轨道火箭送入苍穹；2019 年，发射了首枚运载火箭，并持续技术转化，开拓了宇航和国防军工两大业务领域……

“我们将深耕核心火箭技术，坚持自主研发，将运载火箭‘打成’。同时，我们要努力实现火箭技术转化，以客户为中心，持续研发投入，弘扬科学精神和工匠精神，永葆技术创新的活力，更好地为国防军工服务。”他说。

看上去，温文尔雅的舒畅更像一名学者，而不是一名企业家。在他的追梦故事背后，新时代的中国青年企业家所共有的品质清晰可见：爱国、博学、专注、理性、坚忍……

这群在商海遨游的年轻人坚持把个人的青春奋斗融入时代主题，做走在时代前列的奋进者、开拓者、奉献者，砥砺奋进、开拓创新，担当起促进改革、引领转型、实现高质量发展的时代重任。

2. 中国正向世界科技强国目标迈进

国家统计局于 2019 年 7 月 23 日发布了《科技发展大跨越 创新引领谱新篇——新中国成立 70 周年经济社会发展成就系列报告之七》。报告显示，新中国成立 70 年来，我国科技实力伴随着经济发展同步壮大，实现了从难以望其项背到跟跑、并跑乃至领跑的历史性跨越，中国正向着世界科技强国的宏伟目标阔步前进。

新中国诞生之初，国家百废待兴，科技基础极为薄弱，科技事业几乎从零开始起步。新中国的成立，激发了大批海外学子的殷殷报国心，以钱学森、华罗庚、朱光亚等为代表的海外专家学者破除一切艰难险阻，怀抱对祖国的浓浓感情，纷纷归国效力。

改革开放犹如一场及时雨，涤云荡雾，我国科技事业迎来了新的春天。在 1978 年召开的全国科学大会上，邓小平提出了“科学技术就是生产力”的重要论断，使全国上下统一了思想，明确了目标。此后一系列科技规划、计划相继实施，科技体制改革大幕开启，科技实力伴随经济发展同步壮大，为我国综合国力的提升提供了重要支撑。

进入 21 世纪以后，新一轮科技革命和产业变革风起云涌，我国科技发展再次面临重大机遇。尤其是党的十八大以来，创新作为引领发展的第一动力，被摆在国家发展全局的核心位置。

2019 年，我国科技投入大幅增加，研发人员总量在 2013 年超过美国，已连续 6 年稳居世界第一位；研发经费规模和强度实现历史性突破，成为仅次于美国的世界第二大研发经费投入国家；一系列引导和鼓励企业加大研发投入的政策实施效果凸显。

随着科技不断进步，科技创新支撑引领作用显著增强。我国在质检、气象、地震海洋和测绘等领域提供的专业技术服务水平逐年提高。高技术制造业呈现出持续向好的发展态势，成为带动工业转型发展的重要力量。技术革新为企业不断进行新产品的开发创造了条件，“中国制造”正升级为“中国智造”。科技创新成为提高供给质量、实现供给侧结构性改革的重要手段。此外，科技创新引领新动能发展，开辟了经济增长的新天地。

三、细数感动、反思精进——电影观赏与心得交流分享会活动主题班会

（1）分组准备电影观赏与心得交流分享会活动的总结汇报材料（可选用 PPT 或其他直观的形式），其中包括本组活动概况、活动现场难忘瞬间、活动收获、活动感悟、活动反思五项内容。

（2）评价反思。分组展开讨论，组长代表本组进行自评，指出优点及不足，提出改进措施。

（3）班主任对本次电影观赏与心得交流分享会活动进行总体评价。

活动感悟（见表 3-3）

表 3-3　细数感动——电影观赏与心得交流分享会活动感悟

我的付出	
我的收获	
我的感悟	
活动剪影	（照片张贴处）

活动链接

“五一”国际劳动节是怎样产生的

国际劳动节又称“五一”国际劳动节、国际示威游行日（International Workers' Day 或者 May Day），是世界上 80 多个国家的全国性节日，定在每年的 5 月 1 日。它是全世界劳动人民共同拥有的节日。

国际劳动节源于美国工人的反抗运动和全球共产主义运动的蓬勃发展。

在 19 世纪的美国，工人们每天要劳动 14～16 小时，有的甚至长达 18 小时，但工资却很低，工人权益得不到保证，劳动者生活暗无天日。

1886 年 5 月 1 日，美国工人停工上街，举行了声势浩大的示威游行，各种肤色、各个工种的工人一起进行总罢工。仅芝加哥一个城市，就有数万名工人涌上街头。随后芝加哥政府出动警察进行镇压，开枪打死两人，事态随之扩大。5 月 4 日，罢工工人在干草市场广场举行抗议，警察再次开枪，4 位工人死亡，随后又有 8 名游行者以谋杀罪被起诉，史称“干草市场屠杀”。

为了呼应和声援这次伟大的工人运动，世界范围内不同地区都爆发了工人抗议活动。这些活动成为国际劳动节的前身。

1889 年 7 月，在恩格斯组织召开的第二国际成立大会上，与会代表一致同意：把 5 月 1 日定为全世界无产阶级的共同节日。从此，世界各国的工人团体在这一天举行盛大庆祝活动，许多国家还放假一天。

典型案例

同上一堂思政课　学做一颗螺丝钉
阳城职中师生收看纪念毛泽东等老一辈革命家为雷锋同志题词六十周年主题思政课

2023 年 3 月 5 日下午，阳城职中党总支组织全体师生收看了职业院校“同上一堂思政大课”系列课程第六课“纪念毛泽东等老一辈革命家为雷锋同志题词六十周年主题思政课”的直播，如图 3-1 和图 3-2 所示。这堂思政大课是在老一辈无产阶级革命家为雷锋题词六十周年之际，由教育部职业教育与成人教育司、人民网与中共辽宁省委网信办共同面向全国三千万职业教育院校在校学生和广大网友共同推出的。

图 3-1　教师主题思政课学习

图 3-2　学生主题思政课学习

雷锋曾在日记中写道："一个人的作用，对于革命事业来说，就如一架机器上的一颗螺丝钉……我愿永远做一个螺丝钉……"这堂思政大课邀请了抚顺雷锋学院常务副院长李强，鞍钢雷锋纪念馆讲解员王成，鞍钢集团学雷锋班组成员、全国五一劳动奖章获得者刘铁和抚顺职业技术学院学生兰郡泽 4 位主讲嘉宾，结合抚顺雷锋纪念馆、鞍钢雷锋纪念馆的丰富展品和珍贵史料，诠释了雷锋把个人融入党和人民的事业中去，干一行爱一行、专一行精一行的螺丝钉精神。

学校师生跟随主讲人，漫步在雷锋生前生活和战斗过的地方，沉浸式地感受雷锋精神在新时代绽放的璀璨光芒。

炙热的情愫点燃了同学们心中理想与信念的火炬，奉献的种子在聆听中默默生根发芽。通过此次思政大课，同学们从思想上提高了学习雷锋精神、做好志愿服务的认识。我们全体师生将踊跃投身志愿服务，在实践中擦亮雷锋精神的"时代内核"，让雷锋精神代代相传、熠熠生辉。

最美劳动者

"铁人"王进喜

1960 年 5 月 1 日，王进喜在指挥工作时，一根上百斤的钻杆突然掉了下来，正好砸到了王进喜的大腿。当工人们赶过来时，王进喜已经陷入昏迷中。但是不一会儿，王进喜醒了。他看见工人为了救他，竟然放下了手头的工作。王进喜怒吼道："我又不是泥捏的！"说完，他立刻指挥大家干活，而王进喜的大腿正流淌着鲜血。工人们知道不干完活，王进喜是肯定不会去医院治疗的，他们只好加快速度。

活忙完后，王进喜被送到医院，经过简单的包扎后，他立马拄着拐杖回到了工作岗位，因为他心中正想着一件急事——一个新的井位正处于高压区，十分危险，很容易发生井喷。

王进喜担心的事情最后还是发生了，当钻机打到高压层后，井喷发生了。如果不堵住缺口，后果不堪设想。在这千钧一发之际，王进喜突然跳进了泥浆里。他奋力地晃动自己的身体，用自己的身体把泥浆池底的水泥搅上来，经全队工人奋战，最后井喷被"制服"。

活动评价（见表 3-4）

表 3-4 反思精进——电影观赏与心得交流分享会活动评价表

担任职务			
责任分工			
评价项目	评价主体		
	自我评价	组长评价	对方评价
劳动意识			
吃苦耐劳			
团队合作			
沟通协调			
责任担当			

续表

改进措施

注：活动评价表的填写可为等级评价形式。其中，A：优秀；B：良好；C：合格；D：不合格。

活动拓展

通过今天的活动，写一篇观后感，记录自己的感想。

活动 4

弘扬和践行劳动精神

活动目标

（1）掌握提出和弘扬劳动精神的意义。

（2）掌握弘扬和实践劳动精神的途径。

活动准备

1. 培训学习

在全班开展思想教育工作，提高对生活劳动的认识。

致敬劳动者主题摄影展览活动

（一）活动目的

体会劳动的辛苦，感悟劳动精神。

（二）活动流程

寻找你身边的劳动者，拿起相机，拍下他们劳动时的场景。以“致敬劳动者”为主题开展摄影展览活动，将作品展示出来并在班级范围内进行评比。

2. 事前联络

联系学校相关部门，获得学校的同意，商定活动时间，落实活动所需的材料、场所。

3. 分组分工

根据分组分工表（见表 4-1）安排人员和任务。

表 4-1 致敬劳动者主题摄影展览活动分组分工表

组织设置	工作内容	岗位设置	岗位职责
领导小组	由班长、团支书、安全委员等干部组成，推选出组长和副组长各一名。领导小组的作用是全面统筹致敬劳动者主题摄影展览活动	组长：	负责活动中的监督检查、卫生质量把控等
		副组长：	协助组长管理，落实安全责任，监督工作小组执行工作内容

续表

组织设置		工作内容	岗位设置	岗位职责
工作小组	策划协调组	负责与学校劳动活动安排主管部门进行工作报备及资格审批，负责活动项目的确定、联络、情况了解等工作，落实活动方案，负责其他各工作小组的人员分配、小组间人员的调配与协商	小组长：	小组长：负责落实本组工作内容的执行、组员管理、组内分工、组间协调合作 组员：服从组长管理，自觉遵守活动纪律，积极参与、团结协作
			组员：	
	后勤物资组	负责到学校后勤处领取活动所需要的物资并分发；安排人员做好前期准备、场地布置；活动结束后的清理工作等	小组长：	
			组员：	
	安全保障组	拟定《安全承诺书》，组织全班培训，做到安全事项人人知晓。负责活动过程中的安全隐患排查及监督	小组长：	
			组员：	
	宣传编辑组	负责活动宣传方案的拟定，负责活动中的摄影、摄像及宣传资料收集，负责活动后期的对外宣传工作等	小组长：	
			组员：	

4．安全事项

（1）组织学习学校劳动教育及安全管理部门的规定。

（2）提前向学校管理部门报备《致敬劳动者主题摄影展览活动方案》《致敬劳动者主题摄影展览活动分组分工表》《致敬劳动者主题摄影展览活动安全预案申报表》（见表 4-2），进一步明确组织安排、人员分工、活动流程和安全责任。拟定《安全承诺书》，每位同学签字后留存备查。

（3）进行任务交代和安全培训，班委干部或团支部干部做好会议记录，留存备查。

表 4-2　致敬劳动者主题摄影展览活动安全预案申报表

申报班级		部门负责人（签字）	
活动内容		活动地点	
活动时间		参与学生	
带队教师			
致敬劳动者主题摄影展览活动安全预案			

续表

分管部门意见	
分管副校长意见	
校长意见	

5. 物资准备

（1）摄影、摄像器材。

（2）活动必需的个人防护物资（口罩、云南白药、消毒酒精、创可贴）。

（3）小奖品（同学们自己制作的手工创意小作品）。

6. 场地准备

活动场地安排在实训室。由同学们将桌面上的书本清理干净，最后检查教室里的多媒体设备能否正常使用。

活动步骤

一、基础知识学习

（一）提出和弘扬劳动精神的意义

劳动是推动经济社会发展的根本力量，是人的本质。明确提出和弘扬劳动精神，是党的全心全意依靠工人阶级根本方针、“尊重劳动、尊重知识、尊重人才、尊重创造”重大方针的深化，是对以人民为中心的发展思想的坚持和发展。

1. 劳动精神是对广大劳动者劳动实践的高度肯定与科学总结

在革命、建设和改革中，广大劳动者展示了奋勇拼搏、艰苦创业的风采，成为激励一代又一代劳动者的强大精神力量。随着社会发展和科技进步，资本、知识和技术的力量凸显，人们对劳动的理解发生了很大变化，有人忽视劳动的价值，低估劳动者的作用，急功近利、心态浮躁，期望走捷径、一夜暴富。正反两方面的事实证明，无论劳动的具体形态、劳动与其他生产要素之间的关系怎样变化，劳动是唯一价值源泉这一点始终都不可改变。劳动精神的提出和弘扬，对于进一步焕发广大劳动者的劳动热情，释放创造潜能，为全面建设社会主义现代化国家、全面推进中华民族伟大复兴，产生重要的推动作用。

2. 劳动精神是对马克思主义劳动价值论、劳动观的丰富和发展

劳动至上是马克思主义的重要原则，劳动价值论是马克思主义政治经济学的理论基石。马克思主义认为，劳动是人类最基本和最重要的社会实践，是人类社会生存和发展的根本前提，“它是整个人类生活的第一个基本条件，而且达到这样的程度，以致我们在某种意义上不得不说：劳动创造了人本身”，“在劳动发展史中找到了理解全部社会史的锁钥”。提出和弘扬劳动精神，对劳动在人类活动中的地位及劳动者的尊严给予了应有的肯定和褒扬，是新形势下对马克思主义劳动观的坚持和延伸。

3. 劳动精神是社会主义核心价值观的应有之义，与劳模精神、工匠精神相互包容

践行社会主义核心价值观，要求实践爱国、敬业、诚信、友善的个人行为准则。敬业就是对劳动的尊重、崇尚和热爱，就是要求做到辛勤劳动、诚实劳动、创造性劳动，这与劳动精神高度一致。“爱岗敬业、争创一流，艰苦奋斗、勇于创新，淡泊名利、甘于奉献”的劳模精神彰显劳动的价值，展现劳动者的境界，是劳动精神的集中体现。工匠精神体现劳动者钻研技能、精益求精、敬业担当的职业精神，是对劳动精神的精粹提升。劳动精神是劳模精神和工匠精神的基础，与劳模精神、工匠精神一脉相承又各有侧重，面向广大劳动者。劳模精神面向劳模群体，工匠精神更多的是面向有一技之长的产业工人。

（二）弘扬和践行劳动精神的途径

1. 尊重劳动者主体地位，体现劳动价值

要树立共享是中国特色社会主义本质要求的发展理念，运用经济、政治、法律等多种措施，做出更有效的制度安排，将劳动的成果回馈给劳动者，赋予劳动更多的经济价值、政治价值、文化价值和社会价值，为劳动精神的弘扬夯实深厚的物质基础。

2. 把握为实现中国梦而奋斗的时代主题，让劳动成为每个人的自觉行动

广大劳动者要围绕国家发展战略，弘扬劳模精神、劳动精神、工匠精神，开展劳动和技能竞赛，投身大众创业、万众创新。积极支持和参与供给侧结构性改革，充分挖掘创新创造潜能，以劳动创造助力改革，谱写新时代的劳动者之歌。

3. 维护劳动者合法权益，保护劳动者的积极性、主动性和创造性

各级工会要依法履行维护职工合法权益的基本职责，积极参与劳动法律法规和政策的制

定，维护职工的劳动就业、技能培训、收入分配、社会保障等权益，做好化解产能过剩、结构转型升级中职工安置和就业培训工作；推行劳动合同、集体合同和职代会制度，推进中国特色和谐劳动关系建设；做好困难职工和农民工群体的帮扶保障，努力为职工提供普惠性、多样化服务，促进实现体面劳动。

4. 进一步形成以辛勤劳动为荣、以好逸恶劳为耻的舆论导向，营造良好的社会风尚

充分运用各类媒体，通过思想教育、典型引路、领导示范和正向激励等多种措施，发扬中华民族勤劳节俭、自强不息的优良传统，提倡通过劳动来实现人生的梦想、改变自己的命运。着力形成弘扬劳动精神的主流意识，反对一切不劳而获、投机取巧、贪图享乐的思想，真正让劳动成为最光荣的价值追求，让劳动者成为社会最受尊敬的人。

二、细数感动、反思精进——致敬劳动者主题摄影展览活动主题班会

（1）同学们分组制作致敬劳动者主题摄影展览活动的总结汇报材料（可选用 PPT 或其他直观的形式），其中包括本组活动概况、活动现场难忘瞬间、活动收获、活动感悟、活动反思五项内容。

（2）评价反思。分组展开讨论，组长代表本组进行自评，指出优点及不足，提出改进措施。

（3）班主任对本次活动进行总体评价。

活动感悟（见表 4-3）

表 4-3 致敬劳动者主题摄影展览活动活动感悟

我的付出	
我的收获	
我的感悟	

续表

活动剪影	（照片张贴处）

活动链接

弘扬劳动精神　传承五四薪火

2020 年 4 月 29 日，国网西咸新区供电公司举办 2020 年“弘扬劳动精神　传承五四薪火”道德讲堂暨“拜师礼”活动。

活动中，通过开展诵经典、唱歌曲、学模范、树先进等内容，使公司广大员工学习传承“爱岗敬业、争创一流，艰苦奋斗、勇于创新，淡泊名利、甘于奉献”的劳模精神，薪火相传“爱国、进步、民主、科学”的五四精神，并通过看短片和习礼仪开展道德讲堂暨“拜师礼”仪式教育，现场氛围浓厚，活动过程庄重严肃。

在“拜师礼”仪式上，徒弟向师傅们行拜师礼、敬拜师茶，感谢师傅辛勤栽培和倾囊相授的无私奉献；师傅在接受徒弟的行礼后，除了欣慰以外，肩上更多了几分传道授业解惑的责任。礼毕，师傅喝了徒弟的茶，师徒关系更上一层。

师徒代表签订师徒协议后，全体师傅向徒弟进行训诫并赠送礼物，徒弟们一齐请师傅就座。在全体徒弟庄严承诺和向师傅的鞠躬致敬中，拜师礼成，活动圆满结束。

“师带徒”作为一项弘扬中华传统美德的品牌工程，始终得到公司高度重视。通过开展“拜师礼”活动，将帮助师徒之间更加珍视这份情感，进一步发挥师徒之间传、帮、带积极作用，同时影响、带动广大员工营造尊师重教的浓厚氛围，进一步加强公司人才队伍建设，缓解一线人员技能“空心化”，提升企业核心竞争力，并通过倡导和弘扬“工匠精神”积极培育“西咸工匠”，不断引导青年员工健康成长、顺利成才。

典型案例

唱雷锋歌曲　传青春力量

雷锋精神是我们中华民族宝贵的精神财富。六十多年来，它激励着一代又一代的青少年健康成长，促进了社会文明的进步。校园是青少年健康成长的摇篮，弘扬雷锋精神是我们德育活动的最重要的组成部分。为激发广大师生爱党、爱国、爱校的热情，增强集体荣誉感，

2023 年 3 月 29 日上午，阳城县职业高级中学校数字商务系组织策划了以学习雷锋为主题的学雷锋合唱大赛。

数字商务系八个班级为活动做了充足的准备，班主任发挥才智，组织创新，精彩不断；同学们激情飞扬，铿锵有力，表现卓越。比赛现场气氛浓厚、热烈，同学们情绪十分高涨，唱出了学校学子的风采，唱出了朝气蓬勃、团结向上、奋发进取的精神风貌！

通过活动，全体师生感受到了雷锋精神的力量，凝聚了人心、唱出了劲头，对学校的教育教学工作和校园文化建设起到了巨大的推动作用；加深了广大同学对学雷锋活动的认识，坚定了继续推进学雷锋活动的信念，丰富了学生们的校园文化生活，增强了学生的爱国热情、振兴中华的责任感和班级的团队精神。孩子们用大合唱的方式表达了对雷锋同志的缅怀和对“雷锋精神”的纪念，体现了当代青年的精神风貌。

最美劳动者

华罗庚

华罗庚于 1910 年 11 月 12 日出生于江苏省金坛县（现为常州市金坛区）一个城市贫民家庭。1924 年，他初中毕业于金坛县立中学，进入上海中华职业学校学习，因家庭贫困，一年后离开了学校，在父亲经营的小杂货铺当学徒。在此期间，他利用业余时间自学数学。1929 年，他在金坛中学任税务会计，开始在上海《科学》杂志发表论文。他的论文《苏家驹之代数的五次方程式解法不能成立之理由》受到清华大学数学系主任熊庆来教授的重视。经熊教授推荐，他在 1931 年到清华大学工作。他只用了 8 年的时间，从管理员、助教、讲师进而到英国剑桥大学研究深造。1938 年，他受聘任昆明西南联大教授。在极为艰苦的生活条件下，他白天教学，晚上在菜油灯下孜孜不倦地从事研究工作，写下了名著的《堆垒素数论》。但在国民党统治下，这一名著无法出版，只好送到国外出版，直到新中国成立以后才以中文版在我国正式发行。1946 年秋，迫于白色恐怖，他出走美国，先后任普林斯顿高等研究院研究员、伊利诺伊大学终身教授。1950 年，华罗庚响应祖国召唤，毅然从美国回到北京。新生的祖国给华罗庚这个历尽坎坷沧桑的知识分子带来了无限希望。到了香港，他写了一封致中国全体留美学生的公开信。他在这封信中，情真意切地动员爱国的知识分子放弃国外优越的物质生活，投入祖国的怀抱尽一份力。他真诚地呼唤说：“朋友们，梁园虽好，非久居之乡。归去来兮！为了抉择真理，我们应当回去，为了国家民族，我们应当回去，为了为人民服务，我们也应当回去，就是为了个人出路，也应当早日回去，建立我们工作的基础，为我们伟大祖国的建设和发展而奋斗！”

活动评价（见表 4-4）

表 4-4　致敬劳动者主题摄影展览活动活动评价表

担任职务			
责任分工			
评价项目	评价主体		
	自我评价	组长评价	对方评价
劳动意识			
吃苦耐劳			
团队合作			
沟通协调			
责任担当			
改进措施			

注：活动评价表的填写可为等级评价形式。其中，A：优秀；B：良好；C：合格；D：不合格。

活动拓展

同学们回到家里，继续收集关于最美劳动者的信息，并将收集的信息做成简报。

项目三

志愿服务

活动 5

美化校园

活动目标

（1）培养学生勤动手、能吃苦、甘奉献、乐互助的劳动精神。

（2）懂得尊重和珍惜园丁、环卫人员的劳动成果，增强服务意识。

（3）增强爱护校园意识、志愿服务意识及生态环保意识。

活动准备

1. 培训学习

组织学生学习植物养护的相关知识和技能，提高思想认识，明确注意事项。加强思想引领，帮助学生端正劳动态度，明晰美化校园人人有责、人人参与的重要性。

植物养护活动小贴士

1. 树立安全意识

当活动过程中需要使用小锄头、小镰刀等除草工具时，要注意安全，不要划伤自己和他人；若草丛、花坛里有电线或供电设备等，要注意断电后再进入，谨防触电；不能随意进入复杂危险地区，活动过程要结对行动不落单，操作过程谨慎细致，学会“瞻前顾后”，不冲动、不冒进，讲秩序、服从安排。

2. 除草技巧

正确辨认杂草，尽量清除杂草的地下根或根茎，可借助工具清除草坪内的深根性杂草；

避免伤及种植的花草，破坏景观。

3. 浇水技巧

（1）植物种类不同时，浇水量也随之有些差别。一般来说，草本花卉要多浇水，木本花卉要少浇水。蕨类植物、兰科植物生长期对水分的要求较高；多浆类植物对水分的要求较少。

（2）植物种类相同时，浇水量也会随植物生长时期的不同而不同。植物休眠时期，浇水量应减少或停止；植物生长时期，浇水量应逐渐增加；植物生长旺盛时期，浇水量应充足。

（3）植物种类相同时，浇水量会随季节的不同而不同。如华北地区春夏干旱，水分蒸发量大，应适当勤浇水、多浇水；夏秋之交虽然高温，但降水较多，反而不必浇得太勤。

4. 浇水时间

（1）不能在有阳光直射的时候浇水。

（2）夏季应在早晨或傍晚浇水，因为夏季中午的土壤温度高，与水分的温差较大，若此时浇水会使土壤的温度骤然降低，植物根部受低温刺激，会阻碍水分的正常吸收。

（3）冬季，在无冻土的地带，应在中午前后浇水，避免早晚浇水引起冻害。在有冻土的地带，应在土壤冻结前，浇足“封冻水”，以保持土壤墒情；在土壤解冻之初，浇足“返青水”，以利园林植物萌动。

2. 调查研究

联系学校行政、后勤部门并实地考察走访学校各个区域，确定如下几点。

（1）实地走访考察学校各个区域，找到校园中杂草多、枯枝败叶多、花卉植被集中的区域，确定除草、浇水范围。

（2）用手机下载识别植物的软件，识别校园中植物的种类并统计分析，根据植物的品种、特点确定浇灌时间、浇灌水量。

3. 分组分工

根据分组分工表（见表5-1）部署安排工作。

表5-1 美化校园服务活动分组分工表

组织设置	工作内容	岗位设置	岗位职责
领导小组	全面统筹志愿服务工作	组长：	负责活动中的总体组织协调、统筹安排、监督检查、进度把控等
		副组长：	协助组长管理，负责与校内各部门对接协调、物资准备、安全保障、宣传评比等工作

续表

组织设置		工作内容	岗位设置	岗位职责
工作小组	组织策划组	负责与学校相关部门联系，进行工作报备及资格审批；做好前期调查工作，确定除草范围；根据学校花草树木品种，确定浇灌时间和浇灌水量；负责其他各工作小组的人员分配、组间人员的调配、协商	小组长：	小组长：负责落实本组工作内容执行、组员管理、组内分工、组间协调合作 组员：服从组长管理，自觉遵守活动纪律，积极参与，团结协作
			组员：	
	后勤物资组	负责采购或租用物品，如垃圾袋、手套、小锄头、镰刀等；负责物资管理、分发；负责物资回收、清理等收尾工作	小组长：	
			组员：	
	宣传编辑组	负责活动宣传方案的拟定，宣传报的设计及制作，活动后期的对外宣传工作等	小组长：	
			组员：	
	监督评比组	对各区域的除草拾叶成果进行评比，并选出前三名；对浇灌成果进行评比，选出前三名；对各组拍摄的照片进行评比，选出最美校园植物照片（监督评比组人员由教师代表、学生代表共同组成，评比方式亦可采取组员投票与网络投票相结合的方式）	小组长：	
			组员：	
	仪式筹备组	组织筹备安排活动启动仪式，预先策划启动仪式流程；起草相关讲话稿、宣誓词及演讲稿；准备启动仪式节目表演；邀请相关嘉宾、领导，有条件的活动可邀请相关环保志愿者、各级劳动模范	小组长：	
			组员：	
活动小组	除草拾叶组（若干）	根据学校除草拾叶的范围，合理分工，完成除杂草，拾枯叶工作。在劳动过程中，欣赏花草之美，并拍摄照片	小组长：	
			组员：	
	浇灌养护组（若干）	按照浇灌标准，浇灌校园内花草树木。在劳动过程中，欣赏花草之美，并拍摄照片	小组长：	
			组员：	

注：组织策划组、后勤物资组、宣传编辑组等工作小组人员，也可加入除草拾叶组、浇灌养护组。

4. 安全事项

根据学校课堂活动审批流程提前向学校主管领导及安全保卫部门上报课外活动安全预案；拟定《安全承诺书》并明确安全责任，对学生进行安全教育培训。

（1）设计安全预案，填写《美化校园服务活动安全预案申报表》（见表 5-2）。

表 5-2 美化校园服务活动安全预案申报表

申报班级		部门负责人（签字）	
活动内容		活动地点	
活动时间		参与学生	

续表

带队教师	
美化校园服务活动安全预案	
分管部门意见	
分管副校长意见	
校长意见	

（2）开展一次全体安全培训会议，做好会议记录并留存。

5. 区域划分及路线规划

根据前期对活动区域的调研结果、对志愿者人员情况的调研结果等，划分各个专属的活动开展区域，规划活动路线，提前组织各活动小组负责人现场勘察、熟悉区域及路线。

6. 物资准备

（1）垃圾袋、长夹子等垃圾清理工具。

（2）小锄头、小镰刀、除草剂等除草工具。

（3）塑料水管、水箱、花洒等浇水用具。

（4）制作志愿者活动宣传横幅。

（5）制作启动仪式主会场大喷绘、横幅等宣传品。

（6）各活动小组、队伍可自行设计个性化旗帜。

活动步骤

1. 精心组织与细致落实

（1）活动开始前在操场集合，清点好人数并检查仪容仪表。

（2）启动仪式（可参考如下流程及安排）。

① 邀请劳模或环保志愿者进行事迹分享（10 分钟）。

② 志愿者代表进行主题演讲（2 分钟）。

③ 授旗仪式（2 分钟）。

④ 全体志愿者宣誓（1 分钟）。

宣誓词（参考）

绿水青山，就是金山银山；
五彩缤纷，方为美丽校园；
我们愿做校园环保小卫士；
爱护每一片叶、每一朵花、每一棵草；
浇灌每一份年轻的梦想；
从小事做起，从身边事做起；
以青春之我们的名义，共创青春之美丽校园；
以青春之我们的双手，共筑青春之和谐家园。

（3）负责人介绍活动安排，再次强调安全注意事项。

（4）各小组负责人带领各组志愿者分别到达各组的指定活动位置，开始工作。

① 除草拾叶组合理分工，着手除草和拾叶工作，力求把杂草连根清除，把枯枝残叶拾拣干净。

② 浇灌养护组合理分工，借助水管浇灌草坪、大树；借助水箱、花洒浇灌盆栽、花坛。

③ 各组安排一到两名组员负责拍照、摄影，在劳动中发现美、捕捉美，并拍摄植物照片。

（5）做收尾整理工作。

① 做好垃圾处理工作，把杂草和枯枝残叶装入垃圾袋。

② 做好工具整理工作，清洗工具并归还原位。

2. 细数感动、反思精进——美化校园服务活动主题班会

（1）由小组代表分享活动心得，回忆劳动时光。

（2）评价反思。

① 组长代表本组进行自评，总结活动中的优点和不足，并提出改进措施。

② 其他小组依次对自评小组进行评价，总结优点和不足，并提出改进建议。

（3）班主任对本次志愿服务活动进行总结评价，并宣传爱校如家、保护环境的理念。

（4）对活动中的摄影、摄像作品进行评比、表彰。

（5）由同学们自行填写活动感悟。

活动感悟（见表 5-3）

表 5-3　细数感动——美化校园服务活动感悟

我的付出	
我的收获	
我的感悟	
活动剪影	（照片张贴处）

活动链接

劳模和劳模精神

“劳模”是劳动模范的简称，是我国授予在生产建设中成绩卓著或有重大贡献的先进人物的一种光荣称号。

劳模精神是劳模在平凡的岗位上做出不平凡业绩所坚持、坚守、坚定的基本信念、价值追求、人生境界及其展现出的整体精神风貌。劳动模范身上体现的“爱岗敬业、争创一流，艰苦奋斗、勇于创新，淡泊名利、甘于奉献”的劳模精神，是伟大时代精神的生动体现。

典型案例

共赴一场温暖遇见
阳城职中数字商务系 2023 年校园开放日

为贯彻落实新修订的《中华人民共和国职业教育法》《关于深化现代职业教育体系建设改革的意见》文件精神，宣传展示职业教育服务人的全面发展、服务经济社会发展所取得的重大改革成果；大力宣传劳动精神、劳模精神和工匠精神，弘扬劳动光荣、技能宝贵、创造伟大的时代风尚，进一步在全社会营造关心支持职业教育改革发展的良好氛围。2023 年 5 月 14 日至 20 日，我校举办阳城县职业高级中学校 2023 年职业教育活动周暨校园开放周，活动周以“技能：让生活更美好”为主题，如图 5-1 所示。

图 5-1　技能让生活更美好

家校携手　共育新人

各班召开形式多样、内容丰富的家长会，观看学校的宣传视频，了解学生在校的学习、生活等方面的表现情况，进一步增强家校携手、共育新人的信心和决心。

深入了解　接受监督

家长走进学校的课堂、实训室、宿舍、餐厅、体育馆等多个场所，深入了解学校的办学情况和学生的学习生活情况，对学校的办学提出自己的意见看法，让学生的培养受到社会的监督。

展示自我　见证成长

各班级组织学生展示专业技能，家长观摩学生技能展示，了解专业技能的实际操作，让家长见证孩子的进步、见证孩子的成长，树立家长和学生共同的信心。

此次开放日活动，充分展示了学校的校园风貌，对宣传职业教育理念、职业教育办学成果、招生政策等起到积极促进作用，进一步扩大职业教育的社会影响力。

最美劳动者

李高峰

李高峰，河南在京志愿者组织创立者，获“北京好人”“全国劳动模范”等荣誉。

2001 年，李高峰来到北京，住在甘露园一带，该地地处城乡接合部，人员繁杂。附近的二道沟河成了居民的垃圾场，生活垃圾遍布，岸边堆积成山。炎热夏季，蚊蝇肆虐，臭不可闻，加上河道堵塞，雨水无法及时排出，周边居民苦不堪言。为此，他自行购买工具，自发清理垃圾。李高峰的志愿服务之路也由此而始。持续几年之后，河道畅通了，河水清澈了，居民脸上的笑容也多了。

之后，李高峰的公益涉及面就更广了。同为来京务工人员，他深知其中的艰辛，向朋友借款上万元给那些外地来京务工人员提供免费宿舍，积极发动自己身边的社会关系给他们安排就业。在甘露园地区居住期间，他先后抓获 28 名犯罪分子并送到公安执法机构，此外他还抽出时间参与义务巡逻。2007 年，在他来京的第 7 个年头，他组建了“河南在京环保志愿者服务队”。到了 2008 年，志愿队伍发展壮大到 700 多人。除了在京的河南人，还有各个省份的 100 余名志愿者，他们看到“河南在京环保志愿者服务队”活动后，自愿地加入李高峰的志愿者团队。

自 2001 年起，李高峰一直致力于志愿者服务。这不是一年两年，而是长达近二十年。几十年如一日，他用行动表明自己永远是志愿服务路上的行路人。

活动评价（见表 5-4）

表 5-4　反思精进——美化校园服务活动评价表

担任职务			
责任分工			
评价项目	评价主体		
	自我评价	组长评价	对方评价
劳动意识			
吃苦耐劳			
团队合作			
沟通协调			
责任担当			
改进措施			

注：活动评价表的填写可为等级评价形式。其中，A：优秀；B：良好；C：合格；D：不合格。

活动拓展

根据本次志愿者活动的体验，设计并开展一次“社区爱绿志愿者服务活动”。

活动 6

敬老服务

活动目标

（1）培养吃苦耐劳、无私奉献的劳动精神，形成乐于助人的优良品质。

（2）了解劳模精神的时代内涵，在劳动实践中努力学习和践行劳模精神。

（3）以实际行动传承尊老、敬老、助老的美德。

活动准备

1. 培训学习

（1）组织全体志愿者开展培训，提高思想认识，端正劳动态度，学习劳动技巧，培养劳动意识，清晰劳动目标，领悟劳动意义。

服务小妙招

（1）安全永远要摆在第一位！不要随便给老人吃自带的食物，如糖尿病患者饮食要低糖，肾病和高血压患者要控制盐的摄入量等；扶老人时，要小心地滑，掌握正确扶法；当老人坐轮椅时，一定不要让轮椅滑动而导致老人坐空；推轮椅时动作要缓慢，将老人的脚放好，双手不要离开扶手的范围。

（2）态度要和蔼可亲、平易近人，脸上常带微笑，让老人感受到亲切感；老人可能会唠叨，请不要表现出任何不耐烦，要耐心倾听老人的话。

（3）不要让老人抬起头或远距离跟你说话，否则老人会感觉你高高在上、难以亲近，应该近距离弯下腰与老人交谈，老人才会觉得受到重视。

（4）说话的速度要慢些，语调要适中，有些老人听力不好，则需大点声，同时要观察对方的表情和反应，去判断对方的感受。

（5）多数老人记性不好，打招呼时应避免使用“你还记得我吗？”等话语，老人不愿别人说他们记性差，应该说“我又来看您啦！”这样老人会觉得被重视。

（6）眼睛要注视对方眼睛，视线不要游走不定，否则会让老人觉得你不关注他，可以适时握着对方的手交谈。

（7）要选择老人喜爱的话题，如家乡、亲人、年轻时的事、电视节目等，避免提及老人不喜欢的话题，也可以先多说一下自己，让老人信任你后再展开别的话题。

（8）人都渴望自己被肯定，老人就像小朋友一样，喜欢被表扬、夸奖，所以，你要真诚地赞美他们，他们就会高兴，谈话的气氛就会活跃很多。

（9）万一在交谈时遇到老人情绪变化，尽量不要劝说，先轻拍对方的手或肩膀进行安慰，使老人稳定情绪并尽快换话题。

（10）不要动老人房间里的摆设和其他物品，打扫干净房间后，尽量复原物品的位置。

（2）学习《中国青年志愿者之歌》。

2. 事前联络

联系敬老院，获得院方信任，确定服务时间，了解服务对象的情况（如年龄、教育程度、男女比例、喜好和禁忌等）。

3. 分组分工

根据分组分工表（见表6-1）部署安排工作。

表6-1 志愿服务活动分组分工表

<table>
<tr><th colspan="2">组织设置</th><th>工作内容</th><th>岗位设置</th><th>岗位职责</th></tr>
<tr><td colspan="2" rowspan="2">领导小组</td><td rowspan="2">全面统筹志愿服务工作</td><td>组长：</td><td>负责在活动中监督检查、进度把控等</td></tr>
<tr><td>副组长：</td><td>落实安全责任，协助组长管理，监督工作小组执行工作内容</td></tr>
<tr><td rowspan="6">工作小组</td><td rowspan="2">策划协调组</td><td rowspan="2">负责与学校志愿者主管部门进行工作报备及资格审批；负责服务对象的确定、联络、情况了解等工作；根据对方需求结合班级特色、专业特色确定服务内容，落实服务方案；负责其他各工作小组的人员分配、组间人员的调配与协商</td><td>小组长：</td><td rowspan="6">小组长：负责落实本组工作内容，进行组员管理、组内分工、组间协调合作

组员：服从组长管理，自觉遵守活动纪律，积极参与，团结协作</td></tr>
<tr><td>组员：</td></tr>
<tr><td rowspan="2">节目筹备组</td><td rowspan="2">根据服务对象的喜好准备节目会演；设计并组织与老人的互动活动，并负责具体实施等</td><td>小组长：</td></tr>
<tr><td>组员：</td></tr>
<tr><td rowspan="2">宣传编辑组</td><td rowspan="2">负责活动宣传方案的拟定；负责宣传报的设计及制作；负责活动准备期间志愿者思想引导；负责活动中的摄影、摄像及收集宣传资料；负责活动后期的对外宣传工作等</td><td>小组长：</td></tr>
<tr><td>组员：</td></tr>
</table>

续表

<table>
<tr><th colspan="2">组织设置</th><th>工作内容</th><th>岗位设置</th><th>岗位职责</th></tr>
<tr><td rowspan="4">工作小组</td><td rowspan="2">后勤物资组</td><td rowspan="2">负责志愿者资金筹集；负责在志愿者活动中管理物资、采购物品、布置场地、确定交通工具；负责活动结束后的收尾工作等</td><td>小组长：</td><td rowspan="4"></td></tr>
<tr><td>组员：</td></tr>
<tr><td rowspan="2">安全保障组</td><td rowspan="2">拟定《安全承诺书》，并组织全班培训，做到人人知晓；负责志愿者服务过程中的安全隐患排查及监督</td><td>小组长：</td></tr>
<tr><td>组员：</td></tr>
</table>

4. 安全事项

根据学校外出活动流程提前报备活动，向学校主管部门上报《志愿者服务活动安全预案申请表》；拟定《安全承诺书》并明确安全责任；对学生进行安全培训。

（1）设计安全预案，填写《志愿服务活动安全预案申报表》（见表 6-2）。

表 6-2　志愿服务活动安全预案申报表

申报班级		部门负责人（签字）	
活动内容		活动地点	
活动时间		参与学生	
带队教师			
志愿服务活动安全预案			
分管部门意见			
分管副校长意见			
校长意见			

（2）拟定《安全承诺书》，由每位志愿者签字并留存。

（3）开展一次全体安全培训会议，做好会议记录并留存。

5. 路线规划

提前熟悉敬老院位置并规划乘车路线，提前确定交通工具。

6. 物资准备

（1）资金筹备。

（2）统一服装。

（3）志愿者活动宣传横幅。

（4）志愿者活动工具、节目道具等。

（5）摄影、摄像器材。

（6）慰问品或自制手工艺品。

（7）服务必需的个人防护物资。

7. 场地准备

确定活动场地并布置。

活动步骤

1. 精心组织与细致落实

（1）在教室集合，第 1 次清点人数，检查仪容仪表，再次强调安全注意事项。

（2）乘坐事先确定的交通工具按时出发。

（3）到达目的地，下车后第 2 次清点人数，在敬老院工作人员指引下按组列队进入敬老院，到达指定场地与老人见面。

（4）根据志愿服务对象需求，选择性开展如下服务活动。

① 打扫、整理房间，为老人洗衣服，晾晒被褥床单等。

② 组织文艺汇演，表演提前准备好的节目，为老人带去欢乐。

③ 结合所学专业及个人特长开展与老人的互动活动，如“我教老人插花”“我为老人照一张照片”“我为老人画一张画”“我与老人下一盘棋”等，提高双方参与度，以所学专业知识服务志愿活动。

④ 开展“向前辈致敬”学习活动，向老人学习技能，倾听他们过去的光辉岁月，志愿者们在接受教育熏陶的同时也体现了对老人的敬重，彰显了老人的社会价值，使老人从心理上得到满足与愉悦。

⑤ 陪老人聊天，根据需要为他们捶背、揉肩等。

⑥ 进行“幸运大抽奖”，给现场的每位老人发放书签，让他们写上自己的小心愿，签上自己的名字，抽取“幸运大奖”，帮他们实现小心愿。

（5）为老人献上慰问品或赠送准备好的自制手工艺品。

（6）分组与老人合影留念，事后冲洗部分照片赠送给老人。

（7）清理活动现场。

（8）与老人道别，集合整队并进行第 3 次清点人数，人聚齐后统一返回学校。

（9）同学们分组制作志愿服务活动总结汇报材料（可选用 PPT 或其他直观的形式），其中包括本组工作概况、活动现场难忘瞬间、活动收获、活动感悟、活动反思五个内容。

2. 细数感动、反思精进——志愿服务活动主题班会

（1）小组代表依次汇报志愿服务活动的体会，配合讲解回忆美好时光。

（2）评价反思。

① 分组展开讨论，各组长代表本组进行自评，指出优点及不足，并提出改进措施。

② 其他小组依次对自评小组进行评价，指出优点及不足，并提出改进建议。

（3）班主任对本次志愿服务活动进行总体评价。

（4）由同学们自行完成活动感悟。

活动感悟（见表 6-3）

表 6-3　细数感动——志愿服务活动感悟

我的付出	
我的收获	
我的感悟	

续表

活动剪影	（照片张贴处）

活动链接

学习劳模精神

学习劳模，就要学习他们爱岗敬业、为国为民的主人翁精神，争创一流、与时俱进的进取精神，艰苦奋斗、艰难创业的拼搏精神，勇于创新、不断改进的开拓精神，淡泊名利、默默耕耘的“老黄牛”精神，甘于奉献、乐于服务的忘我精神，紧密协作、相互关爱的团队精神；就是要学习他们用科学理论和现代科学知识武装自己，不断提高思想道德水平和科学文化素质，成为优秀的社会主义建设者。

最美劳动者

申纪兰

申纪兰，一个普通的劳动妇女，却成为担任全国人大代表时间最长的人，从第一届一直担任到第十三届，65 年间没有中断。她先后获得了“全国劳动模范”“全国优秀共产党员”等称号，获得了“共和国勋章”、全国脱贫攻坚“奋进奖”、改革开放四十年“改革先锋”等荣誉。

申纪兰生活在山西省平顺县西沟村，她坚信勤劳和智慧一定能改变农村面貌。这个太行山南麓的小山村，在申纪兰的带领下战胜困难、锐意创新，不断地演绎着农村改革发展的传奇故事，最终名扬天下。从成立中国农村第一个生产互助合作组到建设初级农业生产合作社，从实现男女劳动同工现酬到实行家庭联产承包责任制，从推进西沟村新农村建设到其发展成为全国农业旅游示范点，申纪兰总是先行者、勇敢者、创新者、领导者、实践者。她千方百计地调动乡亲们的生产积极性，发挥乡亲们的劳动价值，努力挖掘土地的潜力。她把自己的一生都交给了西沟村，带领乡亲们走上了创造幸福生活的阳关大道。

作为全国人大代表，她不只关心西沟村，还经常外出开展调研，深入基层了解民意民情，积极向党和政府建言献策。她的建议和议案涉及领域很宽，既有关系国家的大事，也有普通群众的小事，如区乡公路建设、耕地合理开发与保护、经济落后区域如何进行旅游开发等，许多建议都变成现实。

活动评价（见表 6-4）

表 6-4　反思精进——志愿服务活动评价表

担任职务			
责任分工			
评价项目	评价主体		
	自我评价	组长评价	对方评价
劳动意识			
吃苦耐劳			
团队合作			
沟通协调			
责任担当			
改进措施			

注：活动评价表的填写可为等级评价形式。其中，A：优秀；B：良好；C：合格；D：不合格。

活动拓展

根据本次志愿者活动的体验，设计并开展一次“用爱心托起明天的太阳——爱幼志愿者服务活动”。

活动 7

爱心义卖

活动目标

（1）引导学生树立爱心意识、责任意识，以实际行动关爱困难儿童。

（2）初步学习市场交易的技巧，加强社会实践能力。

活动准备

1. 培训学习

组织全体学生开展培训，提高思想认识，端正劳动态度，学习劳动技巧，培养劳动意识，清晰劳动目标，领悟劳动意义。

爱心义卖活动小妙招

1. 物品及价格

要统计好义卖活动物品的数量和价格，并贴好标签；义卖物品的价格设定要合理，建议可以低于市场价一半或 1/3，也可对物品进行分类标价（如：1 元区、5 元区、10 元区、20 元区等）。

2. 安全

义卖物品要求健康、卫生、安全，参加义卖的志愿者要和负责老师一起对义卖物品进行验收，义卖物品才能进入义卖市场；义卖活动要有序进行，做到不跑、不追、不挤、不大声喧哗；活动过程中每位学生应注意保管好自己的物品（如钥匙、钱包等）。

3. 场地

义卖活动要选择较为开阔的场地，如运动场、林荫道、教学楼门口等。

4. 宣传

提前利用学校公众号、广播站或制作精美海报宣传义卖活动；活动开始时，安排 1 名或 2 名主持水平较高的志愿者用提前设计好的宣传语进行现场宣传。

5. 态度

志愿者们要以高度的热情来完成此次义卖，使用普通话交流，营造活动期间现场的活跃气氛；要做到文明购买，切勿故意讨价还价；所有志愿者要按时到场，负责各自任务并服从安排；做到对顾客的微笑服务、优质服务，让顾客买得称心。

6. 卫生

活动中应保持校园卫生，不乱丢纸屑，各展台活动结束后应由志愿者负责清理场地卫生。活动评选组将对整个活动过程进行监督，对讲卫生、清理得好的义卖展台点名表扬。

7. 服装

志愿者尽量统一服装，佩戴带有义卖活动 Logo 的工作牌或佩戴统一的帽子，以吸引眼球。

8. 款项

对义卖物品进行详细的统计，要有手写票据，保证账目清晰。

9. 售卖技巧

（1）选择校园人流量比较大的地段和时段进行义卖。如下课时段，从教学楼到食堂的学生会比较多，可选择在这段路的两旁进行活动。

（2）展台人员分工应明确，可设计“导购”和“摊主”等角色，各司其职；售卖员说话尽量幽默风趣，不妨可编一些顺口溜，这样可以吸引顾客上前围观，增加人气。

（3）开始售卖前，志愿者要对所卖产品有充分的了解，在顾客面前就应是“产品专家”，如顾客提出一个问题，还支支吾吾回答不明白，顾客第一印象就会认为所卖东西都是糊弄人的。

（4）摆正心态，不能央求顾客来买东西，更不能强买强卖，而应先考虑好义卖的物品能够解决顾客什么样的需求，将侧重点放在介绍产品的优点及性价比上。

（5）展台要干净温馨，售卖的物品应摆放整齐。

2. 事前联络

联系儿童福利院并获得院方信任，确定爱心义卖活动能够援助的对象，了解对方的需求，沟通院方可以提供的义卖手工制品（如种类、名称、价格等）。

3. 分组分工

根据分组分工表（见表 7-1）部署工作。

表 7-1 爱心义卖活动分组分工表

组织设置	工作内容	岗位设置	岗位职责
领导小组	全面统筹爱心义卖服务工作	组长：	负责活动中的监督检查、进度把控等
		副组长：	落实安全保障，协助组长管理，监督工作小组执行工作内容

续表

<table>
<tr><th colspan="2">组织设置</th><th>工作内容</th><th>岗位设置</th><th>岗位职责</th></tr>
<tr><td rowspan="10">工作小组</td><td rowspan="2">策划协调组</td><td rowspan="2">负责与学校志愿者主管部门进行工作报备及资格审批；爱心捐助对象的确定，做好联络等工作；结合儿童福利院自制物品的特色、本校社团专业特色，确定义卖物品的种类和数量，落实活动方案；负责其他各工作小组的人员分配、组间人员的调配与协商</td><td>小组长：</td><td rowspan="10">小组长：负责落实本组工作内容执行、组员管理、组内分工、组间协调合作

组员：服从组长管理，自觉遵守活动纪律，积极参与、团结协作</td></tr>
<tr><td>组员：</td></tr>
<tr><td rowspan="2">节目筹备组</td><td rowspan="2">根据义卖活动准备节目（10 个左右），设计现场互动环节，并负责具体实施</td><td>小组长：</td></tr>
<tr><td>组员：</td></tr>
<tr><td rowspan="2">宣传编辑组</td><td rowspan="2">负责活动宣传方案的拟定，拟定通过公众号、广播的宣传方案，设计及制作精美海报，负责活动期间的主持人宣传语，负责活动中的摄影、摄像及宣传资料收集，负责活动后期对外宣传工作等</td><td>小组长：</td></tr>
<tr><td>组员：</td></tr>
<tr><td rowspan="2">后勤物资组</td><td rowspan="2">负责将儿童福利院义卖的物品从校外运送到校内及校内义卖物品的收集和准备，义卖活动中物资的管理；负责场地展台布置，活动结束后的收尾工作等；负责义卖款的统计</td><td>小组长：</td></tr>
<tr><td>组员：</td></tr>
<tr><td rowspan="2">安全保障组</td><td rowspan="2">拟定爱心义卖活动《安全承诺书》，并进行全班人员培训，做到人人知晓；负责活动过程中的安全隐患排查及监督</td><td>小组长：</td></tr>
<tr><td>组员：</td></tr>
</table>

4．学习售卖话术

（1）由教师示范售卖话术（身体立正）：“同学你好，我叫×××，是×年级×班的学生，我们正在参加‘温情手拉手，慈善暖人心’的爱心义卖活动，通过这个活动来体验靠劳动的快乐，这个香皂 5 元钱，所得钱款会捐赠给市福利院的小朋友们（并强调无论对方是否购买，都要对其表示感谢）。”

（2）选择几位负责销售的志愿者作为代表，将教师作为售卖对象，模拟售卖香皂的过程。模拟结束后由教师指出销售员的不足并给予鼓励。

（3）再次请志愿者演示一遍，以巩固话术。

5．安全事项

根据校内活动流程提前报备，向学校主管部门上报志愿者活动安全预案，填写《爱心义卖活动安全预案申报表》（见表 7-2），并留存。拟定《安全承诺书》并明确安全责任，对全体学生进行安全培训，并做好培训记录。

表 7-2　爱心义卖活动安全预案申报表

申报班级		部门负责人（签字）	
活动内容		活动地点	
活动时间		参与学生	
带队教师			
爱心义卖活动安全预案			
分管部门意见			
分管副校长意见			
校长意见			

6．场地准备

活动场地确定及相关内容的布置。

7．物资准备

（1）义卖物品筹集（手工艺品）。

（2）统一服装，统一帽子。

（3）制作义卖活动宣传海报。

（4）准备展台布置。

（5）摄影、摄像器材。

（6）主持台、表演台。

活动步骤

1. 精心组织与细致落实

（1）所有志愿者在教室集合并清点人数，检查仪容仪表，简短介绍本次活动的流程，落实人员分工。

（2）检查所有义卖的物资是否按类别和价格整理。

（3）负责销售的志愿者可以互相练习销售话术，以巩固销售用语。

（4）到达展台，分组布置展台和义卖物品。

（5）有序开展爱心义卖活动。

（6）活动结束后进行现场清理，汇总并记录义卖收入。

（7）集合整队，再次清点人数并合影留念。

（8）分组制作爱心义卖活动总结汇报材料（PPT 或其他直观的形式），其中包括本组工作概况、活动现场难忘瞬间、活动收获、活动感悟、活动反思等内容。

2. 细数感动、反思精进——爱心义卖活动主题班会

（1）小组代表汇报爱心义卖活动的体会，在讲解中回忆美好时光。

（2）评价反思。利用班会指出本次活动的亮点与不足，提出改进建议。

（3）班主任对本次志愿服务活动进行总体评价。

（4）请同学们自行完成活动感悟。

活动感悟（见表 7-3）

表 7-3　细数感动——爱心义卖活动感悟

我的付出	
我的收获	

续表

我的感悟	
活动剪影	（照片张贴处）

活动链接

社会实践的概念和意义

社会实践是人类有目的地改造世界的感性物质活动，是对人类自身社会历史活动本质的概括。全部人类历史是由人们的实践活动构成的。

职业教育的根本属性，就是在“产教融合”的基本原则下，提高学生的动手动脑能力，弘扬劳动光荣观念，发扬工匠精神，打造职教特色。只有加强社会实践，才能提高学生综合职业能力，提升人才培养质量。

1．社会实践是培养高技能人才的必经之路

新时代对我国技能人才的培养提出了全新的挑战。现代制造业需要大批具备某一领域的综合知识的技能人才，这更需要学生真枪实练，广泛参与社会实践，让“学得好”和“用得上”无缝衔接。

2．社会实践是促进学生健康成长的重要途径

社会实践活动是学生素质教育的重要组成部分，是学生德智体美劳全面发展的重要途径。它是课堂教学的延伸和补充，能帮助学生树立正确的世界观、人生观、价值观，帮助学生在理论和实践的有机结合中提高思想觉悟，增强社会意识、责任意识、集体意识，促进健康成长。

3．社会实践是促进学生优质就业的有力武器

社会实践可以帮助学生将理论知识与工作实际结合，积累社会阅历，丰富工作经验，提高解决问题的能力，助力学生优质就业。

典型案例

上下同心齐砥砺　协作共奋创佳绩

2023 年山西省职业院校技能大赛教学能力大赛

在 2023 年山西省职业院校技能大赛教学能力比赛中，全省 123 件作品入围省赛决赛，其中，晋城市 3 件入围，阳城县职业高级中学校思政课程组、计算机课程组脱颖而出，分别获得省赛中职思政课程组二等奖、中职专业技能课程组二等奖。

团队介绍

参赛作品：《童心领梦想 规划引航向》

获山西省第十七届职业院校技能大赛教学能力比赛二等奖

团队负责人：郭小秋，本科学历、副高级职称。

团队成员：马贝贝、马洁、杨玲，硕士研究生学历、助理讲师。

参赛作品：《“智青春”App 界面设计》

获山西省第十七届职业院校技能大赛教学能力比赛二等奖

团队负责人：白素芳，本科学历、副高级职称、双师型教师。

团队成员：薛晚社、卫争艳、张淑娟，本科学历、双师型教师。

精心备赛

为这次大赛，学校多次召开专题会议，教务处精心组织了校赛、市赛、省赛备赛及决赛模拟演练，并邀请校外资深专家开展高水平培训及指导。校领导也多次深入各团队备赛现场检查指导，为老师加油鼓劲。教务处、各系部积极配合，通力协作，为各教学团队参赛、备赛做好全力保障。各参赛团队充分发挥协作优势，潜心备战，沉着迎战，终于交上了一份满意的答卷。

精进成长

近年来，我校高度重视教师教学能力比赛，积极推动以赛促教、以赛促研、以赛促建、以赛促改，将专业建设、课程改革、师资队伍建设、教学软硬件条件提升等工作与教学能力大赛相结合，建立“校级—市级—省级—国家级”竞赛机制，有效促进教师教学能力全面提升。

下一步，学校将认真总结本次大赛备赛经验，同时组织获奖团队进一步精进作品。学校也将继续发挥好大赛对深化“三教”改革、推进高水平教师教学团队建设、提升技术技能型人才培养质量等方面的带动示范效应，进一步完善教师教学发展平台，围绕立德树人根本任务，不断形成促进教师职业成长的良好生态，为我校高水平建设进一步提质培优、增值赋能！

最美劳动者

彭祥华

“木匠”“杀猪匠”“大国工匠”，看似风马牛不相及，重庆汉子彭祥华却集于一身。他先后荣获中华全国铁路总工会“火车头奖章”、中国中铁“十大专家型工人”称号和“全国五一劳动奖章”。

1969 年，彭祥华出生在重庆铜梁农村。25 岁时，他进入中铁二局二公司做木工，因为表现出色，很快成了木工班长。但这些成绩并没有让他沾沾自喜、停滞不前，而是再接再厉、不断学习、提升自己。1997 年，他参与了朔黄铁路建设，也就是那个时候，他接触到了隧道爆破技术。于是，他一边努力完成自己承担的木工工作，一边抓紧时间苦学爆破技术。

为了尽快掌握爆破技术，他起早贪黑，从零学起。凭借勤学多思、刻苦钻研的劲头，彭祥华很快掌握了基本技术，并在不断钻研创新的基础上，在隧道爆破领域独当一面。川藏铁路拉林段项目中，针对软岩变形、隧道涌水等施工难题，彭祥华提出了多种创新施工工艺，极大地降低了人工作业量，提前 8 个多月完成工期。

自参加工作以来，彭祥华的足迹遍布全国各地，经历了上万次的爆破，解决了上千个技术难题。多年来，作为业内知名的爆破专家，彭祥华拒绝了很多公司几十万元年薪的邀约，依然奋战在爆破一线，无论天南海北，只要祖国需要的地方，他从不缺席。

活动评价（见表 7-4）

表 7-4　反思精进——爱心义卖活动评价表

担任职务			
责任分工			
评价项目	评价主体		
	自我评价	组长评价	对方评价
劳动意识			
吃苦耐劳			

续表

评价项目	评价主体		
	自我评价	组长评价	对方评价
团队合作			
沟通协调			
责任担当			
改进措施			

注：活动评价表的填写可为等级评价形式。其中，A：优秀；B：良好；C：合格；D：不合格。

活动拓展

根据本次志愿者爱心义卖活动的体验，设计并开展一次“精准扶贫、关爱山区留守儿童志愿服务活动”。

项目四

家园生活

活动 8

动手整理

活动目标

（1）营造干净、整洁、清新、明快、舒适、个性化的生活空间。

（2）体验劳动的愉悦感、成就感，培养团结协作的优良品质。

（3）以实际行动弘扬热爱劳动的美德。

活动准备

1. 培训学习

（1）明确目标。在老师的指导下，班委干部、团支部干部对全班同学开展培训，明确劳动任务，掌握劳动技巧，感悟劳动意义。

寝室内务整理小技巧

（1）注意安全。进行整理时，不能站在窗台或栏杆上，身体不能伸出窗台和栏杆外。收拾柜顶和攀登上铺位时，要小心坠物伤人、小心自己跌落。电器和插座只能用干毛巾擦拭，对玻璃器皿或易损坏、易伤手的尖锐器具一定要小心谨慎，沉重物品应两人或两人以上同时抬运，清洁地面时一定要用拖把将积水拖干。

（2）弄清整理和收纳的含义。整理是根据物品与自己的关系决定物品去留，收纳是将物品容纳到特定的空间，有序地摆放到固定的位置。

（3）分类分区摆放物品。整理物品时进行必要分类，如服装类、洗漱类、床上用品类、劳动工具类等。参照学校寝室内务管理要求，脸盆、牙膏、牙刷等洗漱用具应当放在卫生间或洗漱台上（或按规定摆放），行李箱等应有序集中摆放，衣服、生活用品统一放在柜子里，被子统一折叠规范。

（4）柜顶和柜底不放任何杂物，以方便清扫并保持干净整洁。卫生间墙面、地面都要擦干净。

（5）倾倒废弃物品时要遵守垃圾分类的要求，分类处置。

（2）调动激情。各班级可组织一次以“劳动者之歌”为主题的诗歌朗诵会。诗歌可以在网络上查找，可以是描写劳动内容的古诗“串烧”，如“锄禾日当午，汗滴禾下土。谁知盘中餐，粒粒皆辛苦”“田家少闲月，五月人倍忙。夜来南风起，小麦覆陇黄”。当然，也可以收集现代诗歌或自己编写诗歌，争取让每个同学都能朗诵诗歌。还可以组织开展“讲榜样人物，学劳模精神”活动，同学们自行选择榜样人物并讲述榜样人物故事，分享对劳动的认识。

2. 联络沟通

班委干部、团支部干部要事先联系生活管理老师，与生活管理老师沟通交流，汇报本次活动的目的、意义、方法，获得生活老师的同意、支持和帮助。

3. 人员分工

根据以下分组分工表（见表 8-1）安排活动任务。

表 8-1　寝室内务整理活动分组分工表

<table>
<tr><th colspan="2">组织设置</th><th>工作内容</th><th>岗位设置</th><th>岗位职责</th></tr>
<tr><td colspan="2" rowspan="2">领导小组</td><td rowspan="2">由班长、团支书、安全委员、各寝室室长组成，推选出组长和副组长各一名。领导小组全面统筹寝室内务整理活动工作</td><td>组长：</td><td>起到联系、协调作用，在活动中监督检查、把控进度等</td></tr>
<tr><td>副组长：</td><td>协助组长管理，落实安全保障，监督各个活动小组推进任务</td></tr>
<tr><td rowspan="6">工作小组</td><td rowspan="2">策划协调组</td><td rowspan="2">负责策划本次活动，工作包括征求班主任、生活老师、劳动课老师、全班同学的意见和建议，联系和协调相关工作，设计预热活动方案、整理活动方案、宣传方案等。领导小组成员原则上要参与到本小组中</td><td>小组长：</td><td rowspan="6">小组长：负责落实本组工作内容执行、组员管理、组内分工、组间协调合作

组员：服从小组长管理，自觉遵守活动纪律，积极参与活动，在活动中团结协作</td></tr>
<tr><td>组员：</td></tr>
<tr><td rowspan="2">寝室创意设计组</td><td rowspan="2">先开展每个寝室的调研，然后指导寝室长和室员提出各寝室具体的整理、布置或美化方案</td><td>小组长：</td></tr>
<tr><td>组员：</td></tr>
<tr><td rowspan="2">整理实施组</td><td rowspan="2">以寝室为单位划分实施小组，全班同学都分配到相应寝室，但男生、女生不混合分配。原则上由寝室长担任小组长。不住校的学生根据自愿原则分到相应寝室</td><td>小组长：</td></tr>
<tr><td>组员：</td></tr>
</table>

续表

<table>
<tr><th colspan="2">组织设置</th><th>工作内容</th><th>岗位设置</th><th>岗位职责</th></tr>
<tr><td rowspan="6">工作小组</td><td rowspan="2">后勤物资组</td><td rowspan="2">组织全体同学讨论，充分收集整理意见和建议，根据各寝室同学们的兴趣、爱好、性格和创意设计方案，统计出需要采购的物资，包括吹塑纸、彩色卡纸、皱纹纸、窗花纸、布料、颜料等，同时决定是在实体店铺购买还是网购。经费从班费中支付，或各组员自愿出资。要注意节约、朴素，注重环保，尽量使用手工作品</td><td>小组长：</td><td rowspan="6"></td></tr>
<tr><td>组员：</td></tr>
<tr><td rowspan="2">安全保障组</td><td rowspan="2">负责开展活动过程中的安全检查，及时发现、提醒、告诫、制止安全问题。提前与学校医务室取得联系，遇到学生受伤的情况，应及时报告医务室处置</td><td>小组长：</td></tr>
<tr><td>组员：</td></tr>
<tr><td rowspan="2">宣传编辑组</td><td rowspan="2">及时撰写宣传稿件，班级组织活动总结时进行介绍点评（注意要宣传那些表现突出的同学）。经过老师指导修改后，报学校广播站播出</td><td>小组长：</td></tr>
<tr><td>组员：</td></tr>
</table>

4．安全事项

（1）组织学习学校劳动教育及安全管理规定。

（2）提前向学校管理部门报备《寝室内务整理活动方案》《寝室内务整理活动分组分工表》《寝室内务整理活动安全预案申报表》（见表 8-2），进一步明确组织安排、人员分工、活动流程和安全责任。拟定《安全承诺书》，每位同学签字后留存备查。

表 8-2　寝室内务整理活动安全预案申报表

<table>
<tr><td>申报班级</td><td></td><td>部门负责人（签字）</td><td></td></tr>
<tr><td>活动内容</td><td></td><td>活动地点</td><td></td></tr>
<tr><td>活动时间</td><td></td><td>参与学生</td><td></td></tr>
<tr><td>带队教师</td><td colspan="3"></td></tr>
<tr><td>寝室内务整理活动安全预案</td><td colspan="3"></td></tr>
<tr><td>分管部门意见</td><td colspan="3"></td></tr>
<tr><td>分管副校长意见</td><td colspan="3"></td></tr>
<tr><td>校长意见</td><td colspan="3"></td></tr>
</table>

（3）进行任务交代和安全培训，班委干部或团支部干部应做好会议记录，以留存备查。

5. 物资准备

（1）活动时应统一着装。
（2）准备好整理、清洁时所需物品和工具，以及装饰寝室所需材料。
（3）准备好摄影、摄像器材。
（4）准备好寝室内务整理活动必需的个人防护物资。

6. 场地准备

如果是在上课时间组织本次活动，应当事先联系生活老师，提前打开寝室，报告整理活动的具体时间、人员、活动内容等。

活动步骤

1. 用勤劳的双手改变面貌

（1）在活动开始时，参加活动的同学在教室或操场集合，带齐所有用品。由老师或班委干部、团支部干部做动员讲话，强调纪律、安全等注意事项。完成动员工作后，班委干部分区、分头带领大家回到寝室，开展寝室内务整理活动。

（2）到达寝室后，首先全面检查是否存在安全隐患，比如，查看电器是否安全正常，墙面是否有脱落危险等。如果存在问题，要马上报告生活老师进行处理。

（3）由每间寝室的室长担任小组长，组织组员进行讨论，根据现场情况再进一步细化分工安排。

（4）按照从上到下（先打扫天花板，再打扫墙壁，然后收拾地面），先粗后细（先清扫，再擦拭，然后整理），先内后外（先完成装柜、装箱整理，再整理柜子、箱子外面的物品）的原则实施整理。美化布置时会弄脏地面，所以应当最后收拾地面。在整理过程中要注意及时收集垃圾。

（5）打扫卫生间时，要先用水浇湿墙面和地面，喷洒专用洗涤剂，等待洗涤剂充分溶解污物后再洗刷。打扫过程中要佩戴口罩，要小心人员滑倒。

（6）擦拭窗户、门板、柜体、桌面、台面时，要先仔细观察，看有无破损物体、铁钉等容易伤人的东西。擦拭过程中不要攀爬到不安全的地方。应合理运用各种劳动工具。擦拭电气设备和插座时，一定要关闭电源，不得使用潮湿的毛巾擦拭。

（7）整理生活用具和用品时，要将用具和用品规范、整齐地摆放到相应位置或柜子内。寝室里的劳动工具也要安全、有序地摆放。

2. 用灵巧双手美化寝室

（1）打扫、整理完毕后，应根据事先设计好的美化方案进行美化。擅长绘画的同学可以负责绘画，会剪纸的同学可以承担剪纸工作，喜欢手工折纸的同学可以用皱纹纸、彩色卡纸折一些装饰品放在寝室内起装饰作用。

（2）负责宣传的同学要注意拍摄寝室整理前和整理后、美化前和美化后的对比视频和照片，并发送到班级 QQ 群。注意观察在劳动过程中表现突出的同学，并发现突出事迹。

（3）美化完毕，应将拖把洗净并拧干水分，将地面从内往外拖干净，这样才算完成本次寝室内务整理活动。

（4）生活老师、劳动课老师、班主任验收合格后，方可集合整队，由组长清点人数，统一返回教室。

3. 细数感动、反思精进——寝室内务整理活动主题班会

（1）表彰奖励。由领导小组收集本次寝室内务整理的过程资料，协助劳动课老师、班主任评选出最佳设计奖、最佳组织奖、最佳制作奖三项个人奖，评选出最佳效果奖、最佳团队奖两项集体奖。

（2）评价反思。分组制作寝室内务整理活动总结汇报材料（可选用 PPT 或其他直观的形式），其中包括本组活动概况、活动现场难忘瞬间、活动收获、活动感悟、活动反思五项内容。围绕本次活动，开展主题班会活动。

活动感悟（见表 8-3）

表 8-3　细数感动——寝室内务整理活动感悟

我的付出	
我的收获	
我的感悟	

续表

活动剪影	（照片张贴处）

活动链接

认识劳动本质，正确对待劳动

劳动是社会历史的起点。劳动创造了人，劳动推动了人类社会的产生和发展。

我们要正确对待劳动，尊重劳动，热爱劳动。要坚信世界上一切幸福生活都是由劳动创造的，不劳而获者人人唾弃，辛苦劳动者人人敬重。

最美劳动者

邓稼先

1924 年，邓稼先出生于安徽怀宁。1947 年，邓稼先顺利通过研究生考试，成功取得赴美留学资格。次年秋天，怀揣着学习更多知识、增强本领、建设新中国的崇高志向，他毅然决然地踏上了赴美之旅。留学期间，他刻苦努力，成绩卓越。3 年后，邓稼先拒绝了众多邀请和挽留，放弃优渥的科研以及生活条件，毅然重返祖国怀抱。1958 年，邓稼先参加了原子弹的设计工作。

从此，邓稼先便从公众视野中悄然消失，要么躲进警卫森严的秘密科研院研究理论，要么在飞沙走石的戈壁试验场组织实验。没有资料，他就一边逐字逐句翻译，一边埋头研究搞创新；没有试验场，他就冒着酷暑严寒亲自带队修建。经过几年艰辛努力，终于在 1964 年 10 月 16 日，我国第一颗原子弹爆炸成功。

邓稼先一生获得过许多重大荣誉：“全国劳动模范”“求是杰出科学家奖”“两弹一星功勋奖章”。

活动评价（见表 8-4）

表 8-4　反思精进——寝室内务整理活动评价表

<table>
<tr><td>担任职务</td><td colspan="3"></td></tr>
<tr><td>责任分工</td><td colspan="3"></td></tr>
<tr><td rowspan="2">评价项目</td><td colspan="3">评价主体</td></tr>
<tr><td>自我评价</td><td>组长评价</td><td>对方评价</td></tr>
<tr><td>劳动意识</td><td></td><td></td><td></td></tr>
<tr><td>吃苦耐劳</td><td></td><td></td><td></td></tr>
<tr><td>团队合作</td><td></td><td></td><td></td></tr>
<tr><td>沟通协调</td><td></td><td></td><td></td></tr>
<tr><td>责任担当</td><td></td><td></td><td></td></tr>
<tr><td colspan="4">改进措施</td></tr>
<tr><td colspan="4"></td></tr>
</table>

注：活动评价表的填写可为等级评价形式。其中，A：优秀；B：良好；C：合格；D：不合格。

活动拓展

结合本次整理活动的体验和经验，同学们利用周末放假时间回家开展一次“我爱我家整理活动”，将视频或照片分享到班级 QQ 群中，注意加上语音或文字解说。

活动 9
学包饺子

活动目标

（1）体验生活，感受父母的艰辛和不易，感恩父母。

（2）培养吃苦耐劳、无私奉献的劳动精神，培养团结协作的优良品质。

（3）珍惜和欣赏劳动成果，在劳动实践中努力学习和践行工匠精神。

活动准备

1. 培训学习

在全班开展思想教育工作，提高对生活劳动的认识，开展技术培训，指导学生掌握包饺子的基本技能。

如何拌饺子馅

（1）荤素各一半的饺子馅好吃又营养。若是肉馅中瘦肉太多，吃起来口感较柴；若是肥肉太多又较油腻，影响食欲。一般肥肉 3 份、瘦肉 7 份或肥肉 4 份、瘦肉 6 份，搭配出的肉馅最好吃。

（2）肉馅中加适量花椒水，既去腥口感又好，还增加软滑感。拌饺子馅时一定要先放调料，再加适量花椒水，顺序不能错，否则难以入味，肉馅没味道。也可以用蔬菜、花椒和肉一起剁，剁出来的蔬菜汁就代替了水，而且维生素含量丰富，拌出的饺子馅还有一股淡淡的清香。

（3）用蚝油锁水提鲜。拌饺子馅时，除了要放些姜、葱、酱油、香油、盐等，还可加入适量蚝油，提高饺子馅的鲜味。蚝油有助于锁住水分，做出的馅料易于成型。

（4）拌馅时向同一方向反复搅拌多次，做出的肉馅会黏糯成团。

煮饺子不破皮小妙招

（1）先在煮饺子的水里加点盐，多加一点水，这样饺子皮不易破。

（2）水煮沸后再放饺子，并慢慢搅拌，防止饺子粘锅。

（3）水不能沸腾得太厉害，不然饺子皮容易破掉。水沸腾后，加入少许冷水，待水再沸腾后再加冷水，这样反复三次饺子就熟了。

2. 事前联络

联系学校相关部门，获得学校的同意，商定活动时间，落实包饺子所需的材料、场所。如有可能，可邀请食堂师傅到现场指导。

3. 分组分工

根据分组分工表（见表9-1）安排人员和任务。

表9-1　包饺子活动分组分工表

<table>
<tr><th colspan="2">组织设置</th><th>工作内容</th><th>岗位设置</th><th>岗位职责</th></tr>
<tr><td colspan="2" rowspan="2">领导小组</td><td rowspan="2">由班长、团支书、安全委员等干部组成，推选出组长和副组长各一名。领导小组的作用是全面统筹包饺子活动</td><td>组长：</td><td>负责活动中的监督检查、卫生质量把控等</td></tr>
<tr><td>副组长：</td><td>协助组长管理，落实安全责任，监督工作小组执行工作内容</td></tr>
<tr><td rowspan="8">工作小组</td><td rowspan="2">策划协调组</td><td rowspan="2">负责与学校劳动活动安排主管部门进行工作报备及资格审批，负责活动项目的确定、联络、情况了解等工作，落实活动方案，负责其他各工作小组的人员分配、小组间人员的调配与协商</td><td>小组长：</td><td rowspan="8">小组长：负责落实本组工作内容的执行、组员管理、组内分工、组间协调合作

组员：服从组长管理，自觉遵守活动纪律，积极参与、团结协作</td></tr>
<tr><td>组员：</td></tr>
<tr><td rowspan="2">后勤物资组</td><td rowspan="2">负责到学校后勤处领取包饺子所需要的材料并分发；安排人员做好前期准备工作（洗菜、切菜、剁馅、拌馅）；场地布置；活动结束后的清理工作等</td><td>小组长：</td></tr>
<tr><td>组员：</td></tr>
<tr><td rowspan="2">安全保障组</td><td rowspan="2">拟定《安全承诺书》，组织全班培训，做到安全事项人人知晓。负责活动过程中的安全隐患排查及监督</td><td>小组长：</td></tr>
<tr><td>组员：</td></tr>
<tr><td rowspan="2">宣传编辑组</td><td rowspan="2">负责活动宣传方案的拟定，负责活动中的摄影、摄像及宣传资料收集，负责活动后期的对外宣传工作等</td><td>小组长：</td></tr>
<tr><td>组员：</td></tr>
</table>

4. 安全事项

（1）组织学习学校劳动教育及安全管理部门的规定。

（2）提前向学校管理部门报备《包饺子活动方案》《包饺子活动分组分工表》《包饺子活动安全预案申报表》（见表 9-2），进一步明确组织安排、人员分工、活动流程和安全责任。拟定《安全承诺书》，每位同学签字后留存备查。

（3）进行任务交代和安全培训，班委干部或团支部干部做好会议记录，留存备查。

表 9-2　包饺子活动安全预案申报表

申报班级		部门负责人（签字）	
活动内容		活动地点	
活动时间		参与学生	
带队教师			
包饺子活动安全预案			
分管部门意见			
分管副校长意见			
校长意见			

5. 物资准备

（1）面粉、肉、韭菜、白菜、香菇、鸡蛋、肉皮、小葱、姜、大蒜、盐、胡椒、花椒、蚝油、白糖、醋、生抽、红油辣椒。事先列好物品清单，从食堂领取，如果食堂没有，应由学生代表到超市采购。凡是需要清洗的食材，一律在食堂内清洗干净后再运到实训室。

（2）擀面杖、面板、保鲜膜、一次性手套。

（3）不住校的学生从家里带锅、盆、菜板、菜刀、电磁炉。

（4）同学们带上自己的餐具，为班级任课老师准备一次性餐具。

（5）摄影、摄像器材。

（6）活动必需的个人防护物资（口罩、云南白药、消毒酒精、创可贴）。

（7）小奖品（同学们自己制作的手工创意小作品）。

6. 场地准备

活动场地安排在实训室。由同学们将桌面清理干净，在桌面上铺上一次性餐桌薄膜。最后检查教室里的多媒体设备能否正常使用。

活动步骤

1. 边学边做

（1）摆放好电磁炉、锅、盆、菜板、菜刀等，并保证各用具使用安全。

（2）全班共同观看包饺子视频教程。在活动过程中，反复播放，不用关闭。

（3）本次活动共包 5 种口味的饺子：韭菜鲜肉饺子、鸡蛋鲜肉饺子、香菇鲜肉饺子、白菜鲜肉饺子、灌汤鲜肉饺子。

（4）清洗干净餐具、菜板、刀具等，全体同学做好洗手工作。

（5）由老师指导同学们分组切菜、剁肉、揉面、擀面、拌调料。如有可能，可以邀请食堂师傅来现场指导。

（6）全班同学分成 5 个小组，每个小组只包一种口味的饺子。班主任和劳动课教师现场指导。每种口味的饺子至少给每个同学两个（喜欢吃饺子的同学可以向组长申请多吃饺子，但不要浪费），多余的饺子送回食堂，给其他班级的同学品尝。

（7）每种口味的饺子包好后，用电磁炉煮饺子。师生共同品尝饺子，品尝结束后，由全班同学对 5 种口味的饺子进行投票，评选出最好吃的饺子，得票数最多的小组获胜。

（8）全班同学共同推选出智慧之星（出主意最多的）、技能之星（饺子包得最好的）、清洁之星（清洁卫生做得最好的）、守纪之星（最遵守纪律的）、安全之星（安全意识最强的）、奉献之星（最具奉献精神的）、协作之星（团队协作能力最强的）。请班主任老师和劳动课老师颁奖，奖品为同学们自制的手工创意小作品。

（9）活动过程中，宣传小组成员要抽时间照相、录像，抢拍精彩瞬间。活动结束后师生共同合影，并及时将活动过程发到网络平台，分享劳动的快乐。

2. 场地整理

（1）同学们按事先分工，分头清洗餐具、用具，做好实训室清洁卫生工作。

（2）到食堂归还剩余食材、调料等，当面感谢食堂师傅。

（3）请领导小组的学生干部向提供电磁炉、锅等用具的家长发送照片、视频，同时感谢他们的支持。

3．细数感动、反思精进——包饺子活动主题班会

（1）同学们分组制作包饺子活动的总结汇报材料（可选用 PPT 或其他直观的形式），其中包括本组活动概况、活动现场难忘瞬间、活动收获、活动感悟、活动反思五项内容。围绕本次活动，在教室里开展主题班会活动。让学生体会做饭的烦琐和劳累，体会父母和食堂师傅的辛苦与不易，热爱劳动，珍惜他人的劳动成果。

（2）评价反思。分组展开讨论，组长代表本组进行自评，指出优点及不足，提出改进措施。

（3）班主任对本次包饺子活动进行总体评价。

活动感悟（见表 9-3）

表 9-3 细数感动——包饺子活动感悟

我的付出	
我的收获	
我的感悟	
活动剪影	（照片张贴处）

活动链接

劳动的概念

劳动是指人们改变劳动对象使之适合自己需要的、有目的的活动。

关于劳动，我国宪法明文规定“中华人民共和国公民有劳动的权利和义务”。这要求每一个有劳动能力的人，都要把劳动当成自己的光荣职责，必须以国家主人翁的态度对待劳动。

在《中国大百科全书·哲学卷》中，劳动被定义为“是人类特有的基本的社会实践活动，也是人类通过有目的的活动改造自然对象并在这一活动中改造人自身的过程”。在经济学中，劳动则是指劳动力（含体力和脑力）的支出和使用。

最美劳动者

罗　阳

当看到我国第一艘航母“辽宁舰”在蓝色海洋上乘风破浪航行时，当看到航母甲板上英姿飒爽的歼-15舰载机直飞云霄时，我们不得不想起航空工业英模——罗阳。

罗阳出生在军人家庭，从小就立下报国为民的伟大志向。1978年，他以优异的成绩考取了自己喜欢的北京航空航天大学，开启了飞行器设计与制造的人生之旅。罗阳深知我国航空制造工业相对落后，战机飞到天上有可能还没有看到敌人就被击落，因此，要保家卫国就必须制造出世界一流水平的先进战机！为此，罗阳发奋学习，大年三十家家户户亲人团聚时，他还在学校里刻苦钻研。参加工作后，他花了20年时间研究飞行器设计，又花了10年时间指挥战机制造。他担任沈阳飞机工业有限公司的董事长，同时担任歼-15舰载机工程总指挥，克服了设计、制造与试飞中的重重困难，为我国航空工业迅速崛起披肝沥胆、鞠躬尽瘁。从歼-15舰载机的图纸设计到飞机制造，从“辽宁舰”航母强劲起飞到准确地降落，都凝聚着罗阳同志的艰辛付出。

罗阳是辽宁省劳动模范，是“航空报国金奖”获得者，2012年被中央电视台评为感动中国人物。

活动评价（见表 9-4）

表 9-4　反思精进——包饺子活动评价表

担任职务			
责任分工			
评价项目	评价主体		
	自我评价	组长评价	对方评价
劳动意识			
吃苦耐劳			
团队合作			
沟通协调			
责任担当			
改进措施			

注：活动评价表的填写可为等级评价形式。其中，A：优秀；B：良好；C：合格；D：不合格。

活动拓展

小小大厨做美食——我为家人做晚餐。同学们回到家里，自己买菜、洗菜，为家人做一次晚餐。可以学做热菜，如煎荷包蛋、番茄炒蛋；也可以学做凉菜，如凉拌黄瓜、凉拌茄子。会做的同学，可以自己独立完成；不会做的同学，可以请教家人后完成。

请同学们记得拍摄短视频，并分享到班级 QQ 群或微信群中。

活动 10

洗衣、叠衣

活动目标

（1）锻炼动手、动脑和运用空间思维的能力，搭建发现美、创造美、展示美的平台。

（2）培养严谨认真的生活习惯，培养吃苦耐劳、团结协作的意识和创新意识。

（3）弘扬热爱劳动的优良品德。

活动准备

1. 培训学习

（1）组织全班同学参加培训，提高思想认识，端正劳动态度，学习洗衣、叠衣的劳动技巧，培养热爱劳动、讲究卫生的习惯。如有条件，可聘请服装专业教师，或到校外聘请服装商场陈列师到校培训或进行现场指导。

洗衣小妙招

（1）洗衣前用洗衣粉、洗衣液或肥皂水浸泡 10 余分钟，这样洗衣粉的去污分子会更好地渗透到顽固污渍内，再用洗衣机快速洗涤，既可以达到省水、省电的效果，又可以将衣物洗得更干净。

（2）洗涤白色的衣服时，首先看衣服上面有没有特别脏的地方，如果有，就单独用肥皂先把特别脏的地方揉搓一下，并冲洗干净。

（3）最好选择洗衣液来清洗衣服，因为洗衣液具有碱性低、性能温和、低泡和易漂洗的特点，可减少漂洗的次数，省水节电。

（2）学唱《洗衣歌》。

2．事前联络

由班委干部或团支部干部事先联系相关老师，获得老师同意，商定活动时间、内容。要了解每个学生寝室需洗涤衣物的数量、颜色及面料种类，便于准备相应洗涤用品。

3．分组分工

根据分组分工表（见表 10-1）安排人员和工作。

表 10-1 学生洗衣、叠衣活动分组分工表

组织设置		工作内容	岗位设置	岗位职责
领导小组		由班长、团支书、安全委员、各寝室室长组成，推选出组长和副组长各一名。领导小组全面统筹洗衣、叠衣活动工作	组长：	负责活动中的指导、监督检查、协调等工作
			副组长：	协助组长管理，落实安全责任，监督工作小组执行工作内容
工作小组	策划协调组	负责策划本次活动，包括征求班主任、生活老师、劳动课老师、全班意见和建议，以及联系、协调、设计活动方案等	小组长：	小组长：负责落实本组工作内容执行、组员管理、组内分工、组间协调合作 组员：服从组长管理，自觉遵守活动纪律，积极参与、团结协作
			组员：	
	洗衣、叠衣实施组	以寝室为单位划分实施小组，全班同学都要编入实施小组，但男生、女生不可混合分配。原则上由寝室长担任小组长。不住校的学生根据自愿原则分到小组	小组长：	
			组员：	
	后勤物资组	事先调查需要多少洗涤剂、肥皂等，用班费购买。也可以征得学校同意后到相关部门领取	小组长：	
			组员：	
	安全保障组	负责开展活动过程中的安全检查，及时发现、提醒、告诫、制止危害安全的隐患	小组长：	
			组员：	
	宣传编辑组	及时撰写宣传稿件，活动结束后进行介绍点评，注意宣传表现突出的人员，经过老师指导修改后，报学校广播站播出	小组长：	
			组员：	

4．安全事项

（1）组织学习学校劳动教育及安全部门的规定。

（2）提前向学校管理部门报备《学生洗衣、叠衣活动方案》《学生洗衣、叠衣活动分组分工表》《学生洗衣、叠衣活动安全预案申报表》（见表 10-2），进一步明确组织安排、人员分工、活动流程和安全责任。拟定《安全承诺书》，每位同学签字后留存备查。

表 10-2 学生洗衣、叠衣活动安全预案申报表

申报班级		部门负责人（签字）	
活动内容		活动地点	
活动时间		参与学生	

续表

带队教师	
学生洗衣、叠衣活动安全预案	
分管部门意见	
分管副校长意见	
校长意见	

（3）交代任务并进行安全培训，班委干部或团支部干部要做好会议记录，留存备查。

5．物资准备

（1）准备洗衣液、肥皂等洗衣用品。

（2）整理需要洗涤的衣物。

（3）准备摄影、摄像器材。

（4）准备适当的个人防护物资（如消毒酒精、创可贴）。

（5）温馨提示：酒精不能和其他洗涤用品混用，请同学们一定要妥善保管。如果不小心把手弄伤，需要用酒精消毒时，必须把手上的洗涤剂用流动清水清洗干净、擦干，再用酒精消毒。酒精和洗涤用品一定要分开存放，以免同学们误用。

6．场地准备

活动场地安排在学生寝室。活动前应与生活老师沟通，确定具体实施时间、活动方式和内容，如果在上课时间进行活动，请生活老师提前打开寝室门。

活动步骤

1. 洗衣活动

（1）在操场或教室集中活动时，先清点人数，按寝室数量分成若干小组。小组长原则上由寝室长担任。不住校的学生均分到每一组内参与活动。各组负责人应在活动前再次强调安全事项。

（2）组长领取洗衣液、肥皂、洗衣粉等洗衣用品，带组员回生活区开展活动。

（3）将要洗涤的衣服按颜色和面料分类。

（4）清洗白色的衣服时，应首先观察衣服上有没有比较脏的地方，如果有，应先用肥皂把这些地方单独洗一下。其他衣服可以用洗衣液洗。彩色纯棉的衣服不建议用肥皂洗。

（5）漂洗衣服时，先漂洗白色的，再漂洗浅色的，最后漂洗深色的。注意内衣和外衣一定要分开漂洗。

（6）晾晒衣服时，首先将衣服整理平整，其次用衣架挂上，理顺后晾晒，这样晾干的衣服会比较平整，不容易起皱。

2. 叠衣活动

（1）将衣柜、箱子里的衣服全部取出来，分类摆放。

（2）每个同学至少折叠两件衣服，一件平面折叠，另一件立体折叠（花样折叠），请给每件“作品”命名并拍照。

平面折叠示例如图 10-1 所示。

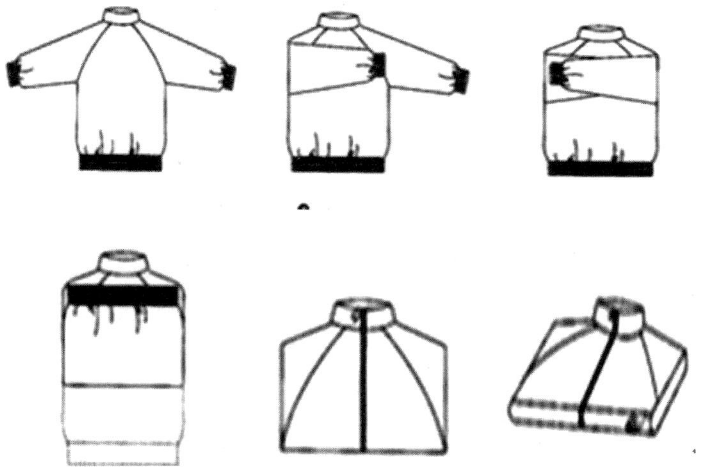

图 10-1　平面折叠示例

立体折叠（花样折叠）示例如图 10-2 所示。

（3）在进行立体折叠时，请同学们注意整体造型，一方面要展示自己的个性，另一方面要展现衣服的独特亮点。同时，要说出或写出折叠的构思、表达的思想、呈现的效果等。

（4）将折叠好的衣服分类放入衣橱。立体折叠的衣服可以放到床上适合的位置，可以展现出个性化的寝室布置。

（5）对洗衣、晾晒、折叠过程，以及折叠好的成品、衣物陈列在衣橱里面的最后效果，进行拍照、录制短视频，用于班会时分享交流。

图 10-2　立体折叠（花样折叠）示例

3. 细数感动、反思精进——学生洗衣、叠衣活动主题班会

（1）总结分享。请同学们分组制作洗衣、叠衣活动总结汇报材料（可选用 PPT 或其他直观的形式），其中包括本组工作概况、活动现场难忘瞬间、活动收获、活动感悟、活动反思五项内容。围绕本次活动，组织开展主题班会活动。由小组代表依次汇报洗衣、叠衣活动体会，配合照片、视频进行讲解，分享劳动成果和喜悦。通过 QQ 或微信，将活动成果分享给家长。

（2）反思改进。分组展开讨论，组长代表本组进行自评，指出活动中的不足并提出改进措施。

（3）班主任对本次洗衣、叠衣活动进行总体评价。

活动感悟（见表 10-3）

表 10-3　细数感动——学生洗衣、叠衣活动感悟

我的付出	

续表

我的收获	
我的感悟	
活动剪影	（照片张贴处）

活动链接

劳动教育的意义

广大青年要牢固树立劳动最光荣、劳动最崇高、劳动最伟大、劳动最美丽的观念，培养勤俭、奋斗、创新、奉献的劳动精神，具备满足生存发展需要的基本劳动能力，形成良好的劳动习惯，热爱劳动、尊重劳动、崇尚劳动，增强对劳动人民的感情，报效国家、奉献社会。

最美劳动者

袁隆平

他是一位朴实忠厚的老农民，经常来到稻田里，蹲下来仔细察看稻穗生长情况。他为了中国人民的饭碗，为了世界人民的饭碗，一辈子研究和发展杂交水稻，造福全世界人民。他是谁？他是中国工程院院士，被誉为“世界杂交水稻之父”的袁隆平。2019 年 9 月 17 日，国家主席习近平签署主席令，授予袁隆平“共和国勋章”。

1953 年，袁隆平被分配到湖南安江农校任教。作为新中国培养的第一代服务农业的大学生，他既感到无比自豪，又感到责任重大，于是他暗下决心，一定要解决当时粮食产量不高的状况，让老百姓吃饱饭。决心已下，目标已定，袁隆平便带领学生们组建研究团队，开始了水稻改良的科学实验。他记不清碰到了多少困难，遭遇了多少失败，经过许多年的艰苦努力，终于发现水稻的杂交组合具有极强的增产优势。经过多地区长时间的反复推广试验，证明杂交水稻可比常规水稻增产 20%以上。小胜不算胜，袁隆平马不停蹄，继续前行，探索科学高峰，攻破一道道难关，取得了一系列成就。

一枝独秀不是春，杂交水稻在中国获得全面成功后，他不遗余力地向世界各国推广。他的研究成果不仅给我国人民带来了福祉，也惠泽了全球其他地区的人民，更是在消除世界区域性贫困和保障全球粮食安全等方面贡献卓著。

活动评价（见表 10-4）

表 10-4　反思精进——学生洗衣、叠衣活动评价表

担任职务			
责任分工			
评价项目	评价主体		
	自我评价	组长评价	对方评价
劳动意识			
吃苦耐劳			
团队合作			
沟通协调			
责任担当			
改进措施			

注：活动评价表的填写可为等级评价形式。例如，A：优秀；B：良好；C：合格；D：不合格。

活动拓展

根据本次洗衣、叠衣活动体验，在放假回家征得家长同意后，在家中开展一次洗衣、叠衣行动，并将过程和成果分享到班级 QQ 群或微信群中，同时附上自己撰写的一篇不少于 600 字的感悟文章。

项目五

田园牧歌

活动 11 松土、施肥

活动目标

（1）感受耕作劳动的过程，培养讲技术、讲科学的劳动精神。

（2）了解社会实践的方法与途径。

（3）理解传统农业的智慧，从劳动中体验职业道德的重要意义。

活动准备

1. 培训学习

组织全体同学开展培训，了解松土、施肥在植物生长中的作用，掌握松土、施肥的基本步骤、方法、所需工具和注意事项，培养精耕细作的劳动态度。

松土、施肥小常识

1．松土在植物生长中的作用

一是增加土壤的透气性，促进植物根系的呼吸作用；二是使表层根系折断，促进根系向深处扎，有利于根系的生长，防止植物倒伏；三是春季松土可保墒并增加地温；四是清除杂草。

2．施肥的目的

施肥是指将肥料施于土壤中或喷洒在植物上，提供植物所需养分，并保持和提高土壤肥力的农业技术措施。施肥的主要目的是增加作物产量、改善作物品质，以及提高经济效益。因此，合理和科学施肥是保障粮食安全和维护农业可持续性发展的主要手段之一。

3．松土的主要方法和注意事项

一般采用中耕松土方法，对土壤进行浅层翻倒并疏松表层土壤。

中耕松土的时间和次数因作物种类、苗情、杂草和土壤状况而异。一般旱地作物在苗期和封行前进行，水稻在分蘖期进行。一季作物约中耕 3 次或 4 次。如作物生育期长、封行迟、田间杂草多，可增加中耕次数，以保持地面疏松、无杂草为度。在作物生育期间，中耕深度应掌握浅—深—浅的原则。即作物苗期宜浅，以免伤根；生育中期应加深，以促进根系发育；生育后期作物封行前则宜浅，以破板结为主。

松土一般在作物根部的四周进行，在距根部约 5～15cm 的地方下锄，千万不要伤到根部，但又必须使根部周围的土壤疏松。

松土的深浅很关键，浅了效果不好，深了容易伤及植物根系，所以松土的深度要以见根为准，可适当切断一些表层根，以有利于发生新根。

松土的频率要把握好，如果松土没有伤及根部，可以在看到土壤板结时就松土，如果松土伤及根部，那么频率就不能太高。

4．施肥的主要方法和注意事项

（1）根据土壤肥力水平、作物类型、目标产量、气候环境及肥料特点选择合适的肥料，估算所需要肥料的用量，并确定施肥时间和施肥模式。

（2）施肥的考虑因素。第一，只有某一养分供应不足时，才需要施肥，并不需要把所有的必需元素施入土壤，因为大多数土壤的营养元素都较充足。乱施肥会造成浪费，甚至造成作物中毒。第二，施肥要考虑土壤变化，肥料施入土壤后会发生一系列变化。不考虑土壤变化，也就谈不上真正的合理施肥。

2．场地准备

（1）如果学校的花园、植物园面积较大，建议分片承包给各班级，各班级对自己承包的园区进行种植、养护。

松土、施肥可以在班级承包场地进行，同时需要做好以下准备：一是清理场地周围，确保能安全进入，且不影响学校的正常教育教学活动，不给周围环境造成破坏；二是测算能够容纳学生的数量，如果一次容纳的学生数量有限，可以按批次轮流进行，因为松土、施肥本身就需要经常进行；三是根据场地、植物情况确定适合的工具和肥料，具体可以查阅资料或者向园林工人请教。

（2）如果学校没有适合的场地，可以联系校外可以进行松土施肥活动的场地。

在校外场地进行松土、施肥时，需要做好以下准备：一是确定往返路线及使用的交通工具，要确保活动安全、合法；二是联系好现场指挥人员，确定场地具体区域、劳动时间段及注意事项（包括安全注意事项、周围环境影响情况等）；三是确定松土、施肥的工具和材料，确定哪些由对方提供，哪些需要自己准备。

3. 分组分工

根据分组分工表（见表 11-1）部署安排活动。

表 11-1 松土、施肥活动分组分工表

<table>
<tr><th colspan="2">组织设置</th><th>工作内容</th><th>岗位设置</th><th>岗位职责</th></tr>
<tr><td colspan="2" rowspan="2">领导小组</td><td rowspan="2">全面统筹松土、施肥工作</td><td>组长：</td><td>负责活动中的监督检查、进度把控等</td></tr>
<tr><td>副组长：</td><td>落实安全保障，协助组长管理，监督工作小组执行工作内容</td></tr>
<tr><td rowspan="10">工作小组</td><td rowspan="2">策划协调组</td><td rowspan="2">负责向学校后勤、教务、学生管理部门进行工作报备、活动审批；负责松土、施肥场地的确定、联络、情况了解等工作；根据场地情况、班级小组情况确定分组分区，制定劳动方案，确定小组成员；负责其他各工作小组的人员分配、组间人员的调配与协商</td><td>小组长：</td><td rowspan="10">小组长：负责落实本组工作内容执行、组员管理、组内分工、组间协调合作

组员：服从组长管理，自觉遵守活动纪律，积极参与、团结协作</td></tr>
<tr><td>组员：</td></tr>
<tr><td rowspan="2">后勤物资组</td><td rowspan="2">负责松土、施肥材料、工具的准备，并分配到组；负责交通工具；负责联络及活动结束后工具回收等收尾工作</td><td>小组长：</td></tr>
<tr><td>组员：</td></tr>
<tr><td rowspan="2">安全保障组</td><td rowspan="2">拟定《安全承诺书》，并进行全班培训，做到人人知晓；负责劳动过程、交通过程中的安全隐患排查及监督</td><td>小组长：</td></tr>
<tr><td>组员：</td></tr>
<tr><td rowspan="2">技术小组</td><td rowspan="2">负责提前了解和学习松土、施肥的基本步骤、方法、注意事项等，并培训全班同学，也可以请相关专业人员进行现场讲解和指导</td><td>小组长：</td></tr>
<tr><td>组员：</td></tr>
<tr><td rowspan="2">劳动小组</td><td rowspan="2">将全班分成若干劳动小组进行松土、施肥劳动，负责活动过程中的安全、工具保管，完成分配给本小组的地块的松土、施肥，确保作物安全、松土细致、施肥到位等</td><td>小组长：</td></tr>
<tr><td>组员：</td></tr>
</table>

4. 安全事项

如果需要外出活动，应根据学校外出活动流程提前报备，向学校主管部门上报松土、施肥活动安全预案；如果在校内活动，应向学校教务处、学生处报备；拟定《安全承诺书》并明确安全责任；对学生进行安全培训。

（1）设计安全预案，填写《松土、施肥活动安全预案申报表》（见表 11-2）。

表 11-2　松土、施肥活动安全预案申报表

申报班级		部门负责人（签字）	
活动内容		活动地点	
活动时间		参与学生	
带队教师			
松土、施肥活动安全预案			
分管部门意见			
分管副校长意见			
校长意见			

（2）拟定《安全承诺书》，由每位参与者签字留存。

（3）开展一次全体安全培训会议，做好会议记录并留存。

（4）根据情况（距离、环境等）选择性购买短期意外险。

5. 行程规划

提前熟悉场地位置并规划行走、乘车路线，提前确定、联系交通工具。在校内活动的同学，应确保不干扰其他班级教学活动。

6. 物资准备

（1）松土、施肥工具。

（2）肥料。

（3）便于劳动的服装。

（4）饮用水。

（5）必需的个人防护物资。

7. 场地准备

劳动场地确定及划分。

活动步骤

1. 精心组织与细致落实

（1）在教室集合，第 1 次清点人数，检查学生着装，再次强调安全注意事项。

（2）步行或乘坐事前确定的交通工具，按时出发。

（3）到达目的地，第 2 次清点人数，按组整队集合。

（4）领取劳动工具和物资。

（5）再次明确松土、施肥的基本步骤、方法。

（6）分组开展松土、施肥劳动。

（7）劳动完成后收拾场地，请班主任、技术小组验收。

（8）交还工具和剩余物资。

（9）整体集合，第 3 次清点人数。

（10）集体返回学校，第 4 次清点人数。

（11）分小组或独立进行劳动总结，其中包括本组工作概况、劳动现场情况、劳动收获感悟、劳动反思等内容。

2. 细数感动、反思精进——松土、施肥活动主题班会

（1）各小组代表依次汇报劳动体会，在讲解中回忆劳动时光。

（2）评价反思。

① 分组展开讨论，各组组长代表本组进行自评，指出优点及不足，并提出改进措施。

② 其他小组依次对自评小组进行评价，指出优点及不足，并提出改进建议。

（3）班主任对本次活动进行总体评价。

（4）同学们自行完成活动感悟。

活动感悟（见表 11-3）

表 11-3　细数感动——松土、施肥活动感悟

我的付出	
我的收获	
我的感悟	
活动剪影	（照片张贴处）

活动链接

社会实践的方法与途径

职业院校学生参与社会实践的方法与途径大致有以下几类。

1．课程学习实践

课程学习实践是职业院校学生实践活动的主要构成部分。它由实验教学、实习教学、毕业设计及科技创新等多个方面构成。学生按照学校教学要求，依据课程教学内容和教学设计，

通过实践活动巩固知识，增强学习效果。

2．专项社会实践

专项社会实践活动有较强的针对性和特殊性，具有形式新颖多样、活动内容丰富、活动范围广泛等特点。一般包括公益活动、志愿者服务、顶岗实习、回乡实习等。通过专项社会实践活动，实现服务社会、贡献家乡的目的，增强社会责任感和就业意识。就职业院校学生而言，专项社会实践活动主要包括公益实践和顶岗实习。

3．主题社会实践

主题社会实践是职业院校学生社会实践活动的主要形式之一，具有较强的目的性和针对性，活动内容相对具体明确，实践活动形式多样，其主要形式包括活动交流和具有主题的服务活动、实践活动及社会调研等。

4．个体实践

个体实践是职业院校学生参与社会实践的普遍途径之一。其最大的特点在于实践活动个体性和社会性相结合，主要包括个体兼职活动和创业实践活动。个体实践活动能帮助学生积累一定社会实践经验，培养职业素养，提升综合职业能力。

最美劳动者

王顺友

王顺友，是四川木里藏族自治县大山里一名普通的乡村邮递员。在他从事乡村邮递工作的 20 多年里，凭着一个人、一匹马走遍了大山里的高山峡谷、山村乡寨，把不计其数的邮件一一送至老百姓的手中，把一条又一条党和国家的惠民政策在深山里逐一传达开来，跋山涉水，风雨无阻。他是大山深处老百姓的信使，更是一面飘扬在高山上的党旗。

王顺友成为乡村邮递员可谓是子承父业，他的父亲曾经也是一名大山里的邮递员。1984 年，年仅 19 岁的他就当起了乡村邮递员。当时，他的父亲语重心长地嘱咐道，这是在为党和人民做事，要不怕吃苦。带着父亲的殷殷期盼，王顺友开始了为之奋斗一生的乡村邮递员工作，这份平凡伟大的事业。

四川木里藏族自治县海拔高，自然环境恶劣，交通条件差。没有道路，他就靠着双脚，一步一个脚印在大山里慢慢前行，心中只有一个目的，将信件准确无误地送到它们每一个收件人的手里。山间小路，崎岖狭窄，一人一马，带着信件，20 多年里不知道来来回回了多少次，从冬走到春，又从夏走到秋。大山深处，人烟稀少，连着几天见不到一个人是常有的事，寂寞孤单时，他就放声高歌，排解心绪又自我激励。

王顺友，一人一马，怀着一颗温暖的心，走在一条路上，几十年如一日，尽职尽责，无怨无悔。他的一生都在践行着一个党员“为人民服务”的最高价值追求。他的事迹广泛传播，被评为“全国劳动模范”和“全国道德模范”，被中国共产党中央委员会组织部授予“优秀共产党员”称号。

活动评价（见表 11-4）

表 11-4　反思精进——松土、施肥活动评价表

担任职务			
责任分工			
评价项目	评价主体		
	自我评价	组长评价	对方评价
劳动意识			
吃苦耐劳			
团队合作			
沟通协调			
责任担当			
改进措施			

注：活动评价表的填写可为等级评价形式。其中，A：优秀；B：良好；C：合格；D：不合格。

活动拓展

根据本次劳动体验，给自己家的花草及作物松松土、施施肥。

活动 12
喂养家禽

活动目标

（1）体验喂养家禽的过程，锻炼不怕脏、不怕累的优良劳动品质。
（2）了解职业道德的基本规范要求，培养遵守职业道德的良好行为习惯。
（3）理解养殖与种植的区别，从劳动中体验快乐。

活动准备

1. 培训学习

组织全体同学开展培训，了解喂养家禽的意义、作用，掌握喂养家禽的基本方法、所需注意事项，锻炼不怕脏、不怕累的劳动品质。

喂养家禽小常识

常见的家禽有鸽、鸡、鸭、鹅等。

1. 家禽喂养注意事项

家禽喂养人员是家禽的密切接触者，为了预防感染禽流感，工作时应佩戴口罩、穿工作服，减少人体直接接触家禽的机会。接触污物时应佩戴口罩和手套、穿防护服，处理后应及时洗手、消毒。

2. 家禽喂养日常管理要点

(1) 配比饲料合理。一是保证饲料成分明确、干净卫生，没有不良添加剂；二是保证饲料新鲜，如果放置时间过长，要及时处理，不能拿来喂养家禽；三是保证营养均衡，特别是家禽在产蛋期间，可以在饲料中加入元素钙等。

(2) 饮水合理。要提供充足、干净卫生的水，定期更换饮水，防止饮水污染。

(3) 保证卫生。一是环境要卫生、通风、干燥，定期消毒；二是使用的器具要卫生，保证每天清洗，定期消毒；三是防止外来人员、车辆带来病菌。

(4) 环境适宜。合理控制栏舍的湿度、温度，控制饲养密度，确保通风透气。

(5) 疾病预防。进行疫苗接种，定期消毒，防止家禽交叉感染，及时处理病死的家禽。

2. 场地准备

有条件的学校、班级建议到家禽养殖场集中开展此项劳动，没有条件的学校、班级可利用放假时间到住在农村的同学、亲戚家分散完成此项劳动。以下以到家禽养殖场集体劳动进行活动设计，分散劳动的同学可参照进行。

联系家禽养殖场，并做好以下准备。

（1）确定往返路线及交通工具，要确保活动安全。

（2）联系好具体现场管理、指挥的人员，确定养殖场的具体位置、具体劳动场区、劳动时间段、劳动注意事项（包括安全注意事项、周围环境影响情况等）。

（3）确定喂养劳动需要的工具和材料，确定哪些由对方提供，哪些需要自己准备。

3. 分组分工

根据分组分工表（见表 12-1）部署安排工作。

表 12-1　喂养家禽活动分组分工表

<table>
<tr><th colspan="2">组织设置</th><th>工作内容</th><th>岗位设置</th><th>岗位职责</th></tr>
<tr><td colspan="2" rowspan="2">领导小组</td><td rowspan="2">全面统筹喂养家禽活动</td><td>组长：</td><td>负责活动中的监督检查、进度把控等</td></tr>
<tr><td>副组长：</td><td>落实安全保障，协助组长管理，监督工作小组执行工作内容</td></tr>
<tr><td rowspan="10">工作小组</td><td rowspan="2">策划协调组</td><td rowspan="2">负责与学校后勤、教务、学生管理部门进行工作报备、活动审批；负责养殖场的确定、联络、情况了解等工作；负责根据场地情况、班级小组情况确定分组分区，制定劳动方案，确定小组成员；负责其他各工作小组的人员分配、组间人员的调配与协商</td><td>小组长：</td><td rowspan="10">小组长：负责落实本组工作内容执行、组员管理、组内分工、组间协调合作

组员：服从组长管理，自觉遵守活动纪律，积极参与，团结协作</td></tr>
<tr><td>组员：</td></tr>
<tr><td rowspan="2">后勤物资组</td><td rowspan="2">负责喂养家禽的材料、工具准备，并分配到组；负责交通工具的确定；负责活动结束后工具回收、交还等收尾工作</td><td>小组长：</td></tr>
<tr><td>组员：</td></tr>
<tr><td rowspan="2">安全保障组</td><td rowspan="2">拟定《安全承诺书》，并对全班学生进行培训，做到人人知晓；负责劳动过程、交通过程中的安全隐患排查及监督</td><td>小组长：</td></tr>
<tr><td>组员：</td></tr>
<tr><td rowspan="2">技术小组</td><td rowspan="2">负责提前了解、学习喂养家禽的基本方法、注意事项等，并培训全班同学。也可以请相关专业人员进行现场讲解指导</td><td>小组长：</td></tr>
<tr><td>组员：</td></tr>
<tr><td rowspan="2">劳动小组</td><td rowspan="2">全班分若干劳动小组进行家禽喂养劳动，负责活动过程中的安全及工具物资保管，完成分配给本小组场区、圈舍的环境卫生打扫、饲料加工、喂养等工作</td><td>小组长：</td></tr>
<tr><td>组员：</td></tr>
</table>

4. 安全事项

根据学校外出活动流程提前报备，向学校主管部门上报劳动活动安全预案；拟定《安全承诺书》，明确安全责任；对学生进行安全培训。

（1）设计安全预案，填写《喂养家禽活动安全预案申报表》（见表 12-2）。

表 12-2 喂养家禽活动安全预案申报表

申报班级		部门负责人（签字）	
活动内容		活动地点	
活动时间		参与学生	
带队教师			
喂养家禽活动安全预案			
分管部门意见			
分管副校长意见			
校长意见			

（2）拟定《安全承诺书》，每位参与者应签字并留存。

（3）开展一次全体安全培训会议，做好会议记录并留存。

（4）根据情况（距离、环境等）选择性购买短期意外险。

5. 行程规划

提前熟悉养殖场位置并规划行走、乘车路线，提前确定、联系交通工具。

6. 物资准备

（1）环境卫生清扫工具。

（2）消毒物资、工具。

（3）便于劳动的服装。

（4）饮用水。

（5）必需的个人防护物资。

7. 场地准备

按组划分养殖场区域、圈舍。

活动步骤

1. 精心组织与细致落实

（1）在教室集合，第 1 次清点人数，检查着装，再次强调活动的安全注意事项。

（2）步行或乘坐事先确定的交通工具，按时出发。

（3）到达目的地，第 2 次清点人数，按组整队集合。

（4）在养殖场工作人员指导下，对个人、工具及所带物资进行消毒。

（5）领取劳动工具和物资。

（6）再次明确家禽喂养的基本步骤、方法、注意事项。

（7）分组开展活动。

① 打扫环境卫生。

② 加工喂养饲料。

③ 喂养水、饲料。

④ 观察家禽生活及其身体状况。

（8）劳动完成后收拾活动场地，请养殖场工作人员验收。

（9）交还工具和剩余物资。

（10）整体集合，第 3 次清点人数。

（11）集体返回学校，第 4 次清点人数。

（12）分小组或独立进行劳动总结，其中包括本组工作概况、劳动现场情况、劳动收获感悟、劳动反思等内容。

2. 细数感动、反思精进——喂养家禽活动主题班会

（1）各小组代表依次汇报劳动体会，在讲解中回忆劳动时光。

（2）评价反思。

① 分组展开讨论，各组组长代表本组进行自评，指出优点及不足，提出改进措施。

② 其他小组依次对自评小组进行评价，指出优点及不足，并提出改进建议。

（3）班主任对本次劳动进行总体评价。

（4）请同学们自行完成活动感悟。

活动感悟（见表 12-3）

表 12-3 细数感动——喂养家禽活动感悟

我的付出	
我的收获	
我的感悟	
活动剪影	（照片张贴处）

活动链接

中职学生如何养成良好的职业道德

2019 年 10 月，中共中央、国务院印发《新时代公民道德建设实施纲要》，推动践行以爱岗敬业、诚实守信、办事公道、热情服务、奉献社会为主要内容的职业道德，鼓励人们在工作中做一个好建设者。

在日常生活中培养。职业道德行为的最大特点是自觉性和习惯性，而培养人的良好习惯的载体是日常生活。因此，要紧紧抓住这个载体，有意识地培养自己的良好习惯，久而久之，习惯就会成为一种自然，即自觉的行为。

在专业学习中训练。专业理论知识与专业技能是形成职业信念和职业道德行为的前提和基础。职业道德行为的养成，离不开知识的学习和技能的提高。

在社会实践中体验。丰富的社会实践是指导人们发展、成才的基础，是实现知行统一的主要场所。职业道德行为的养成离不开社会实践，社会实践是职业道德行为养成的根本途径。

在自我修养中提高。自我修养指个人在日常的学习、生活和各种实践中，按照职业道德的基本原则和规范，在职业道德品质中有目的地“自我锻炼”“自我改造”“自我提高”。

在职业活动中强化。职业活动是检验一个人职业道德品质高低的试金石。在职业活动中强化职业道德行为要做到：将道德知识内化为信念，将职业道德信念外化为行为。履行自己的责任和义务，做一个言行一致、表里如一、有职业道德的人。

最美劳动者

周宪梁

周宪梁，专长肺血管类疾病。2005 年，他主动报名，踏上援疆之路。

阿克苏是周宪梁此次支援新疆的目的地。两三天之内，他要来的消息以不可思议的速度传播开来，周边的群众迅速行动，纷纷赶来看病，有的更是连夜赶来。刚到来的他虽然疲惫不堪，状态不佳，但看着病人的殷殷期盼的目光，哪里还顾得上劳累，立马开展工作。这一开始就直接工作到下午六点，其间连喝水、方便都抽不出时间，一心扑在为病人看诊上。最后一位病人的看诊结束时，周宪梁已精疲力竭、头昏眼花，一起身，险些一头栽倒。第一天他就接诊了 50 多位病人，着实令人震惊。除此之外，为了方便病人求诊，他更是把办公室电话和私人电话公之于众，这样病人就能随时联系上他。他所在地区自然环境恶劣，路况极差，给病人求医问诊带来了极大的不便，他就想出“医疗大篷车”的办法。每个周末，大篷车就会前往周边地区看诊、发放常用药品、宣传医疗知识，群众纷纷称赞它是“幸福”车。在这场援疆之行中，周宪梁与当地群众结下了深厚的感情。

他心中总是记挂着病人，兢兢业业，不辞辛劳，仁心仁术，于 2008 年被授予“白求恩奖章”。

活动评价（见表 12-4）

表 12-4 反思精进——喂养家禽活动评价表

担任职务			
责任分工			
评价项目	评价主体		
	自我评价	组长评价	对方评价
劳动意识			
吃苦耐劳			
团队合作			
沟通协调			
责任担当			
改进措施			

注：活动评价表的填写可为等级评价形式。其中，A：优秀；B：良好；C：合格；D：不合格。

活动拓展

根据本次劳动体验，请同学们尽可能多地了解我国及世界养殖业的发展现状。

活动 13

果树清园

活动目标

（1）了解果树清园的相关知识，学会使用清园的工具并掌握清园的方法。

（2）培养学生吃苦耐劳的精神和珍惜果实的意识。

（3）在实践中努力学习职业道德行为的养成方法，主动培养良好的职业道德。

活动准备

1. 培训学习

（1）组织全体同学开展果树清园的培训，学会采果后清园的相关知识，学会使用各种果树清园的工具，掌握清园的流程和方法，端正劳动态度，学习劳动技巧，清晰劳动目标。

采果后清园小常识

1. 采果后清园的好处

果树采果后的清园工作是一年之中果树管理的基础和关键，不要以为采果后就万事大吉了，此时光合作用所制造的养分不再供给果实生长，而是用于枝干的进一步增粗及组织成熟，是一年中主要营养物质的积累期。清园工作的好坏，直接影响果树生长和来年产量。

2. 果树清园的最佳季节

秋季清园能有效杀灭越冬菌原，营养复壮树体，帮助树体越冬，减少冻害。第二年春天，树体转绿快且呈健康颜色。春季清园能及时修复枝干伤口，杀灭部分病菌，能营养树体缓解冻害造成的溃疡腐烂现象。

3. 果树清园的步骤和方法

(1) 剪：剪掉干枯枝和病虫枝，剪下的病虫枝要及时带出园外集中烧毁处理。

(2) 刮：刮除无法用“剪”来清除的枝干病斑，这些地方都是害虫、病菌栖息场所。

(3) 涂：刮掉老皮后应及时涂白，可以消灭在树干上越冬的病虫。

(4) 翻：清扫果园后，将果树周围树冠下土壤深翻20～30cm。

(5) 清：果园中的杂草、落叶和枯枝等要全部清扫干净。

(6) 喷：在果树清园后喷施清园药剂，可以杀死病虫。

4. 注意事项

安全：要摆在第一位。剪干枯枝和病虫枝时，要量力而行，不要攀爬得太高，以免摔伤；喷洒农药时动作一定要规范，切勿将农药对着人喷，以免误吸中毒；果园的危险区域不随意进入，行走时注意脚下的坑洼地等。

态度：果树清园过程烦琐，要充满耐心地去工作，不能半途而废。

着装：在着装上尽量不要选择过于暴露的衣服，穿长衣长裤可以防晒和避免蚊虫叮咬。也不要选择亮黄色的衣服，这种颜色容易招引蜜蜂及其他小飞虫。

（2）组织同学们通过网络收集果树存在病虫害的树枝的图片，了解几种常见的果树虫害，并在班会上分享。

2. 事前联络

有条件的学校、班级建议到附近果园或农场集中开展此项活动，没有条件的学校、班级可利用周末时间（最好是冬天）到居住在农村的亲戚朋友家的果园分散完成此项活动。下面以果园或农场集体劳动进行活动设计，分散劳动的同学可参照此设计进行。

联系果园，获得对方允许，并做好以下准备。

（1）确定往返路线及交通工具，确保学生安全。

（2）了解果园的基本情况，确定果园具体位置，明确劳动具体区域、时间段，清园活动的注意事项（包括安全注意事项、周围环境影响情况等）。

（3）确定清园活动需要的工具和材料，明确哪些由对方提供，哪些需要自己准备。

3. 分组分工

根据分组分工表（见表 13-1）部署安排工作。

表 13-1　果树清园活动分组分工表

<table>
<tr><th colspan="2">组织设置</th><th>工作内容</th><th>岗位设置</th><th>岗位职责</th></tr>
<tr><td colspan="2" rowspan="2">领导小组</td><td rowspan="2">全面统筹果树清园活动</td><td>组长：</td><td>负责活动中的监督检查、进度把控等</td></tr>
<tr><td>副组长：</td><td>落实安全保障，协助组长管理，监督工作小组执行工作内容</td></tr>
<tr><td rowspan="2">工作小组</td><td rowspan="2">策划协调组</td><td rowspan="2">负责与学校后勤、教务、学生管理部门进行工作报备、活动审批；负责果园的确定、联络、了解情况等工作；负责根据场地情况、班级小组情况确定分组分区，制定劳动方案，确定小组成员；负责其他各工作小组的人员分配、组间人员的调配协调</td><td>小组长：</td><td rowspan="2">小组长：负责落实本组工作内容执行、组员管理、组内分工、组间协调合作
组员：服从组长管理，自觉遵守活动纪律，积极参与，团结协作</td></tr>
<tr><td>组员：</td></tr>
</table>

续表

组织设置		工作内容	岗位设置	岗位职责
工作小组	宣传编辑组	负责清园劳动过程中的摄影、摄像及宣传资料收集；负责活动后期的对外宣传工作等	小组长：	
			组员：	
	后勤物资组	负责果树清园的物资、工具准备，并分配到组；负责联系交通工具；负责活动结束后工具回收、交还等收尾工作	小组长：	
			组员：	
	技术小组	负责提前了解、学习采果后清园的基本方法、注意事项等，并培训全班同学。也可以请相关专业人员进行现场讲解指导	小组长：	
			组员：	
	安全保障组	拟定《安全承诺书》，并对全班同学进行培训，做到人人知晓；负责志愿者服务过程中的安全隐患排查及监督	小组长：	
			组员：	
	劳动小组	将全班分成若干劳动小组进行果树清园劳动，负责活动过程中的安全、工具物资保管，完成分配给本小组的区域内的果树修剪、打扫、翻土、喷药等劳动	小组长：	
			组员：	

4. 安全事项

根据学校外出活动流程提前报备，向学校主管部门上报志愿者活动安全预案；拟定《安全承诺书》并明确安全责任；对全体同学进行安全培训。

（1）设计安全预案，填写《果树清园活动安全预案申报表》（见表 13-2）。

表 13-2　果树清园活动安全预案申报表

申报班级		部门负责人（签字）	
活动内容		活动地点	
活动时间		参与学生	
带队教师			
果树清园活动安全预案			
分管部门意见			
分管副校长意见			
校长意见			

（2）拟定《安全承诺书》，每位志愿者签字后留存。

（3）开展一次全体安全培训会议，做好会议记录并留存。

（4）根据情况（距离、环境等）选择性购买短期意外险。

5. 路线规划

提前熟悉果园或农场位置并规划乘车路线，提前确定、联系交通工具。

6. 物资准备

（1）活动资金筹备。

（2）便于劳动的服装。

（3）制作清园活动宣传横幅。

（4）修剪树枝的工具。

（5）刮除粗翘皮、腐烂病斑的工具。

（6）石硫合剂等杀虫剂（最好由果园准备）。

（7）清扫腐果、枯枝、落叶的工具。

（8）个人防护物资。

（9）饮用水。

7. 场地准备

活动场地确定及布置。

活动步骤

1. 精心组织与细致落实

（1）在教室集合，第 1 次清点人数，检查仪容仪表，再次强调活动安全注意事项。

（2）乘坐事先确定的交通工具，保证按时出发。

（3）到达目的地，下车后进行第 2 次人数清点，按组整队，在果园工作人员指引下进入果园，到达指定清园区域。

（4）果园工作人员分别向各组学生讲解清园劳动的步骤，示范工具的使用。同学们应仔细聆听，学习后可模拟操作一次。

（5）各小组负责人带领各组劳动人员分别领取劳动工具，到达指定活动位置后，开始完成以下工作。

① 修剪小组：对干枯枝和病虫枝进行修剪，用工具刮掉无法修剪的枝干病斑。

② 涂白小组：对刮掉老皮的地方用药膏进行涂白。

③ 翻土小组：用锄头将果树周围土壤深翻一次。

④ 清扫小组：用大扫把将果园中的杂草、枯枝等清扫到指定位置。

⑤ 喷药小组：在杂草等清扫干净后，在果园工作人员指导下，对果树喷洒杀虫药剂。

（6）任务完成后，全体学生和工作人员合影留念。

（7）归还果园工具，进行物品清理。

（8）与果园工作人员道别，集合整队，第 3 次清点人数，随后统一返回学校。

（9）同学们分组制作果树清园活动总结汇报材料（PPT 或其他直观的形式），其中包括本组工作概况、活动现场难忘瞬间、活动收获、活动感悟、活动反思等内容。

2. 细数感动、反思精进——果树清园活动主题班会

（1）各小组代表依次汇报果树清园活动体会，在讲解中回忆美好时光。

（2）评价反思。

① 分组展开讨论，各组组长代表本组进行自评，指出优点及不足，提出改进措施。

② 其他小组依次对自评小组进行评价，指出优点及不足，提出改进建议。

（3）班主任对本次果树清园活动进行总体评价，并发出珍惜劳动果实的号召。

（4）请同学们自行完成活动感悟。

活动感悟（见表 13-3）

表 13-3　细数感动——果树清园活动感悟

我的付出	
我的收获	
我的感悟	
活动剪影	（照片张贴处）

活动链接

培养职业道德

1. 培养良好的职业态度

职业态度是从业人员对自己所从事的职业的看法及所表现出的行为举止，良好的职业态度是事业成功的一半。勤恳工作、敬业做事就是良好的职业态度。朱熹对敬业的定义是“专心致志，以事其业”，即用一种恭敬严肃的态度对待自己的工作，勤奋努力、精益求精、尽心尽责。一个有着良好的职业态度和敬业精神的人，总是敬重和热爱自己的工作，把工作当成自己的事，彰显的是忠于职守、尽心尽力、精益求精、善始善终的职业道德和职业品格。

2. 养成良好的职业习惯

养成良好的职业道德和职业行为习惯，就需要从自身开始做起，要有正确的理想信念，要学会诚信，要学会敬业。

3. 从小事做起

良好的职业道德和职业行为并不是一朝一夕就能够形成的，需要从小事开始做起，要经过长期的实践锻炼。

典型案例

“学习雷锋精神，传承红色基因”志愿服务系列活动纪实

2023 年是毛主席等老一辈革命家为雷锋同志题词 60 周年，我校开展了“学习雷锋精神，传承红色基因”志愿服务系列活动，弘扬雷锋精神和“奉献、友爱、互助、进步”的志愿服务精神，践行“学习雷锋、奉献他人、提升自己”的志愿服务理念，人人参与文明实践，传承红色基因，共建文明职中。

一、志愿服务氛围营造

运用大屏幕、滚动屏等媒介大力宣传雷锋事迹、雷锋精神，如图 13-1 所示。

图 13-1 雷锋宣传

各班通过主题班会、黑板报、手抄报、讲雷锋故事、写感悟日记、唱雷锋歌曲，传承雷锋精神，如图 13-2～图 13-5 所示。

图 13-2　雷锋主题班会

图 13-3　雷锋黑板报

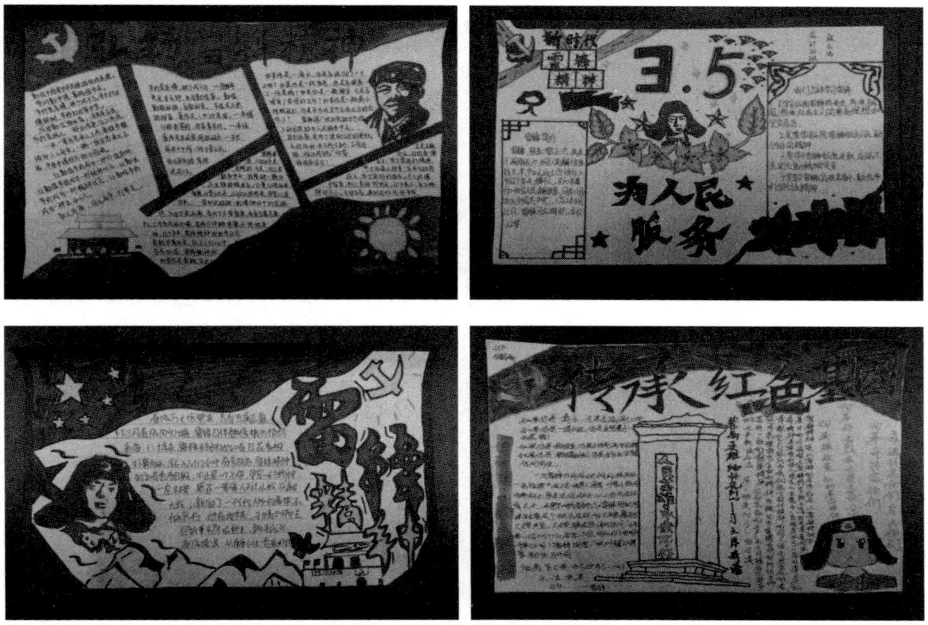

图 13-4　雷锋手抄报

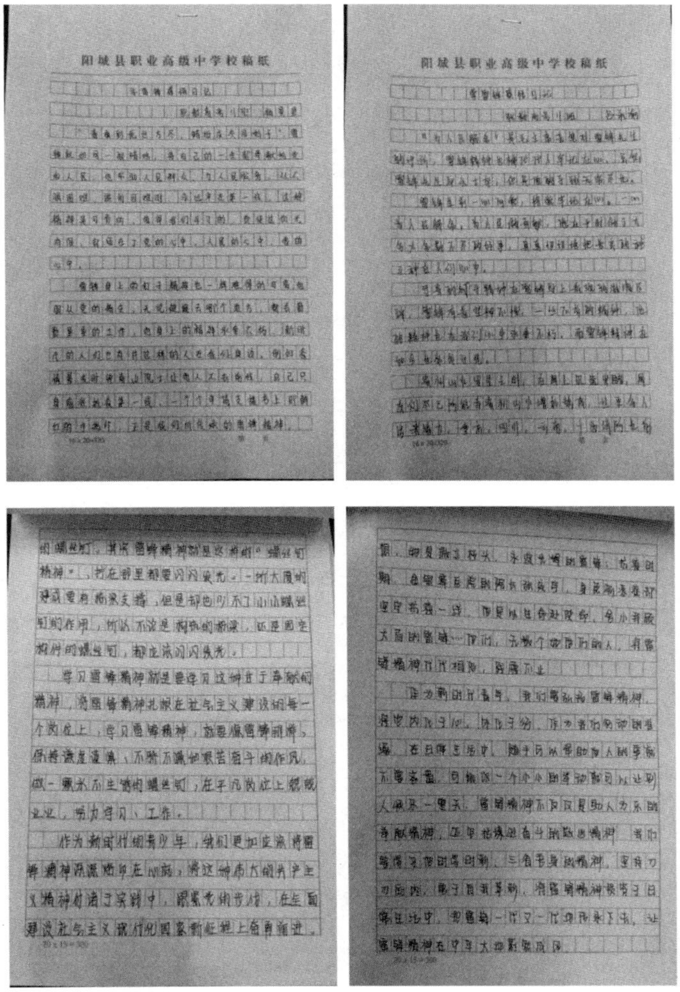

图 13-5　写感悟日记

二、志愿者招募

2023年3月1日～3月3日，我校共招募到677名学雷锋志愿者，其中，职中安全守护志愿者94名，身心健康志愿者83名，美丽校园志愿者76名，文明礼仪志愿者141名，专业技能志愿者66名，校外文明志愿者176名，党史宣讲志愿者41名。

三、志愿服务活动启动仪式

2023年3月4日，我校隆重举行了“学习雷锋精神，传承红色基因”志愿服务活动启动仪式。

政教处主任杨飞宣布：“阳城职中‘学习雷锋精神，传承红色基因’志愿服务活动启动。”

全体学生重温《中职生公约》。

政教处副主任李阳萍宣读志愿者名单。

校领导为学雷锋志愿服务队授旗。

校学生会副主席、数字商务系团青负责人李文娟带领大家宣誓。

四、校外志愿服务活动

2023年3月5日是第60个全国“学雷锋纪念日”。3月5日，我校学雷锋志愿服务队在团委书记王昆鹏的带领下到颐康圆养老院、演礼敬老院进行志愿服务，同学们精心准备的节目受到爷爷奶奶的一致好评。

史奕卓同学演唱的充满革命情怀，传承民族英雄的歌曲《映山红》回荡在房间，萦绕在爷爷奶奶的耳畔，仿佛回到了从前……

中国革命红色之火代代相传，同学们以不同的形式表达对爷爷奶奶的关爱！宋璟萱同学和王雨晴同学表演的舞蹈《Good Time》活力四射，充满朝气！

青春时期是我们每个人最怀念的日子，王瑜捷同学和延佳慧同学带来的舞蹈《纪念》又把爷爷奶奶带回了自己的青年时代。

亲人是我们最重要的家人，陪伴我们的是亲人，包容我们的是亲人，我们要学会用感恩之心回报亲人、回报社会。王雨晴同学和宋璟萱同学为爷爷奶奶带来了歌曲《最亲的人》。

最为珍惜的就是今天，最容易把握的也是今天，王耀婷同学和赵子怡同学为爷爷奶奶带来的歌曲《时间都去哪了》，用深情委婉的旋律告诉我们要珍惜时间，把握当下！

王瑜捷同学和延佳慧同学演唱的歌曲《大中国》氛围热烈，豪迈大气，唱出了我校同学们浓浓的爱国之情！

在节目表演的最后，王耀婷同学和赵子怡同学带来了舞蹈《快乐崇拜》，将本次活动的快乐传递下去！把快乐定格在每个人的身边！

表演结束后，同学们一起去给爷爷奶奶捶背、揉肩、聊天，认真为他们打扫房间。同学们和爷爷奶奶共同度过了一个快乐的上午！

五、主题思政课

3月5日，团委组织各班观看《纪念毛泽东等老一辈革命家为雷锋同志题词六十周年》

主题思政课的回放视频，深入学习雷锋精神，如图 13-6 所示。

图 13-6　观看主题思政课

通过学雷锋志愿服务系列活动，培养学生德技并修的成长信念和诚实友善、乐于助人、无私奉献的良好品质，形成“人人学雷锋、天天学雷锋、时时有雷锋”的良好氛围，引导广大学生传承红色基因，进一步践行社会主义核心价值观，为学校的高质量发展贡献自己的力量，成为新时代合格的社会主义建设者和接班人！

最美劳动者

王　津

在北京故宫博物院的钟表馆里，藏有一些外邦传入我国的钟表。这些钟表大都来自西方，是当初各国使节来华觐见时的国礼，每一件都无比珍贵，观赏者无不赞叹纷纷。在这里，有一位气质温润的“男神”，在他的目光中，流转着这些钟表的前世今生。他就是故宫文物修复师——王津。

王津从 1977 年进入故宫钟表室学习维修，从事这项工作近 40 年，陆续修复了近 300 件钟表，修复总数占故宫钟表总数的 1/3，可以说是他赋予了旧钟表新生。清朝乾隆时期，曾收到一个高 122 厘米的“铜镀金乐箱水法双马驮钟”，它在故宫一待就是两百多年，如今已是机芯老化、部件缺损。王津决定要修复它。故宫钟表室的原则就是“修旧如旧”。

修复工作开始后，王津对它进行整体拆卸、清洗、除锈、锉削等，各种工序加起来达到上百道。这要求匠人极其细致，且必须遵循“对珍贵文物的干预要最小”的要求。这是一座制作精密的机械宫殿，凝结着前人的智慧，修复它仿佛是在进行一场跨时空的工匠交流，无声无息，自在心间。如今，“铜镀金乐箱水法双马驮钟”在王津的手中恢复神韵。

扎扎实实工作，问心无愧做人，漫长的从业生涯里，他耐得住寂寞，守得住平凡，默默无闻，却又乐在其中。在常人看来，这份工作最直观的就是枯燥平淡，要知道一件古钟表的修复，短则数月，长达一年，没有这份挚爱，是无法坚持下去的，正是那份热爱与执着，王津才能悉心钻研，坚持不懈。2018 年，王津当选国家级非物质文化遗产代表性项目代表性传承人。

活动评价（见表 13-4）

表 13-4　反思精进——果树清园活动评价表

担任职务			
责任分工			
评价项目	评价主体		
	自我评价	组长评价	对方评价
劳动意识			
吃苦耐劳			
团队合作			
沟通协调			
责任担当			
改进措施			

注：活动评价表的填写可为等级评价形式。其中，A：优秀；B：良好；C：合格；D：不合格。

活动拓展

根据本次果树清园活动体验，设计并开展一次采果活动。

项目六

圆梦起航

活动 14

陶艺体验

活动目标

（1）感受创意劳动带来的愉悦感，培养学生吃苦耐劳的精神和独立思考的能力。

（2）学习陶艺制作的基本知识，能独立或以小组为单位进行作品的设计和创作。

（3）培养学生的设计思维和创新意识，提升学生的审美能力。

活动准备

1. 课前准备

（1）组织学生开展劳动前的动员工作，让参与劳动的学生提高思想认识，端正学习态度，认真学习劳动技巧，培养良好的劳动意识。

（2）提高大家对创造性劳动的认识。创造性劳动不仅是体力劳动，更是劳动者劳动智慧的结晶。因此我们在端正态度的同时更要开放思想、开拓思维，敢于在实践中大胆地尝试，并在反复实践和尝试中提高劳动技巧。

（3）教师要求学生在规定的时间内，通过网络或相关书籍收集花器资料及陶艺相关资料，并调整自己的心理状态，做好进行创造性劳动的思想准备。

（4）负责教师根据学生人数分配辅导教师。本活动中由于教师与学生互动较多，需要主讲教师和辅导教师共同配合，教师在上课前根据学生实际情况进行分组，每组学生控制在 4 人以内，并提前选好组长。

2. 材料准备

（1）陶泥（按每个学生两包进行准备，如无陶泥可以用轻黏土材料替代）。

（2）陶艺工具（按每两组一套进行准备）：水桶、海绵、擀泥杖、压花工具，以上材料和工具可按实际需要进行配置。

（3）拉坯机配置情况根据学校实际情况而定，泥塑操作台视场地布置情况而定，雕塑转台按每组一套进行准备。

（4）设计用的草图纸、笔、橡皮等工具。

陶艺制作方法

陶瓷艺术是一门综合艺术，它经历了一个复杂而漫长的文化积淀历程。

20 世纪 80 年代中后期，随着西方现代艺术的介入，西方的“当代陶艺”观念对中国陶瓷艺术产生了广泛而深刻的影响，“陶艺”的概念也一度成为陶瓷艺术界的新时尚。

陶艺的主要制作方法有拉坯成型、泥板成型、泥塑成型、泥条盘筑、捏塑、素坯彩绘等。

拉坯成型——利用拉坯机产生的离心运动，在旋转过程中，对含水半固化状态的泥料按照设计构思拉伸成型。拉坯成型在古时已经普遍使用，薄如蛋壳的黑陶，绚烂夺目的彩陶，晶莹透彻的越窑陶瓷，都留下了拉坯成型的痕迹。现代陶艺既继承了古代陶瓷艺术的创作形式，又融合了新的艺术创造。拉坯成型是现代陶艺极为普遍的成型方法。

泥板成型——用泥板制作陶艺的最主要特征就是容易形成较大的完整表面，成型速度较快。泥板成型对技术要求很高，要做好泥板成型作品，必须掌握好泥板制作。在中国，泥板成型使用较多且历史较久的是江苏宜兴的紫砂器物。

泥塑成型——利用泥塑的方法使陶艺成型，由于整个造型是实心的，所以也叫实泥成型。泥塑成型的特点是能够保持塑造的外在肌理和创作痕迹，不用考虑翻模对造型的影响，造型偏于随意，具有较强的原始艺术表现力。

泥条盘筑——通过泥条来构筑成型的一种盘筑技法。泥条可以经手搓成，也可以通过压泥条工具挤压成型。搓泥条时要把握好泥的可塑性，以免在盘筑形状时产生开裂。如果想以泥条盘筑法一次性完成一件大作品或一件很复杂的作品，是较困难的。作品要有一定强度才能使泥继续盘高，而且连接部位要保持一定的湿度，才能保持坯体之间粘接在一起。在盘筑过程中，要把握好泥的干湿度，注意掌握好造型的轮廓线。以泥条盘筑法创作的作品的特点是古朴、流畅，富于变化。

捏塑——用手捏成，多属小件玩具。

素坯彩绘——用颜料在素烧的花瓶、碗、盘、罐等器物（素坯）上绘画。

3. 安全事项

（1）考虑到学生在操作过程中会接触刻刀、雕塑刀、美工刀等工具，在操作前教师应对工具使用方法做示范并说明使用要求，特别要强调操作的安全性。

（2）如在专业的陶艺制作室进行操作，请注意拉坯机等专业陶艺设备的使用必须在教师的示范及指导下进行，切忌学生自行操作设备，避免由于操作不当而引发安全事故。

（3）拟定《安全承诺书》并明确安全责任；对学生进行安全培训。设计《陶艺制作活动安全预案申报表》（见表 14-1），填写《陶艺制作活动安全承诺书》，并留存。开展安全培训会议，做好会议记录，并留存。

表 14-1　陶艺制作活动安全预案申报表

申报班级		部门负责人（签字）	
活动内容		活动地点	
活动时间		参与学生	
带队教师			
陶艺制作活动安全预案			
分管部门意见			
分管副校长意见			
校长意见			

4. 场地准备

确定活动场地及进行布置。

活动步骤

1. 感悟创意劳动之美，激发学生劳动兴趣

通过活动，让学生感受创意劳动的意义，感悟创意劳动的价值，并激发学生对创意劳动的兴趣，鼓励学生大胆地进行活动。在活动中思考，在动手中提高。

2. 发布创意任务，探究完成设计

（1）教师发布陶艺作品的设计与制作任务，并提供部分花器照片给学生进行参考，在现场根据参考图片进行花器再设计的示范。

（2）同学可能没有绘画基础，教师可鼓励同学集思广益，只要同学能画出基本的线稿，表达自己的想法就可以了。

（3）主讲教师与辅导教师一起对学生进行辅导，必要时候可以对学生的设计进行修改。

3. 讲解陶艺基本成型技巧，尝试完成花器设计

（1）教师讲解捏塑、泥条盘筑、泥板成型三种基本的陶艺成型技巧（见图 14-1 至图 14-3），并进行示范。

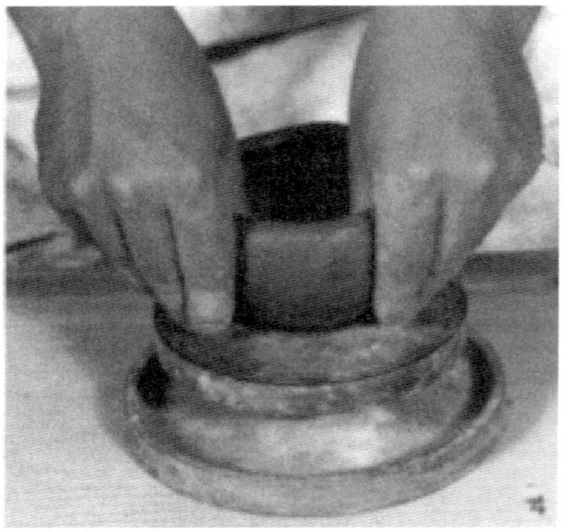

图 14-1　捏塑

图 14-2　泥条盘筑

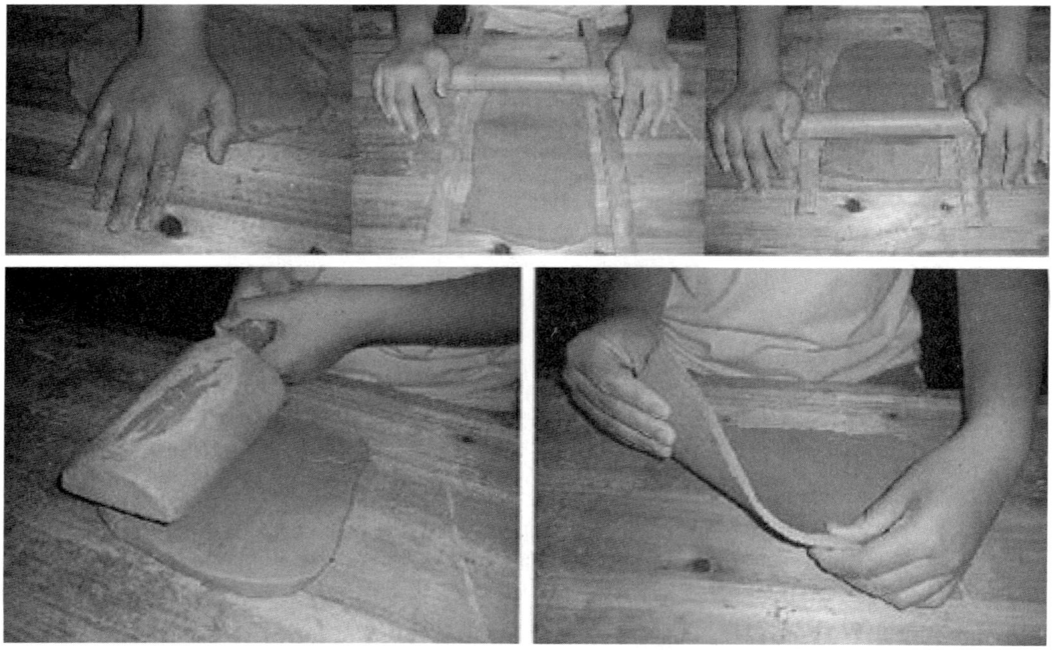

图 14-3　泥板成型

（2）教师根据学生设计的草图引导学生选择相应的成型方法进行制作。

（3）学生分组进行制作。由主讲教师与辅导教师进行辅导，并在必要时亲自动手帮助学生进行调整。

4. 细数感动、反思精进——陶艺制作活动主题班会

（1）每组选一位代表对本组作品的创意进行说明，展示本组同学的想法和设计思路。

（2）同学们根据展示的作品对作品进行评价（评价表需提前准备好）。

（3）教师对学生作品点评并再次强调劳动教育的意义。让学生在活动中增强对劳动教育的认识，提升学生对创意劳动的热情，开拓学生的思维。

（4）同学们自行完成活动感悟。

活动感悟（见表 14-2）

表 14-2　细数感动——陶艺制作活动感悟

我的付出	
我的收获	
我的感悟	
活动剪影	（照片张贴处）

活动链接

大力弘扬工匠精神

随着时代的进步和社会的发展，曾经的一些老手艺因与现代生活不相适应而逐渐消失，但是工匠精神传承下来，并没有随着时间而流逝。在古代，木匠们可以不用一根钉子就将木材建造成坚实稳固的房屋，他们凭借的是对榫卯工艺的传承和执着，凭借的是高超的技艺和对品质的完美追求。对于我们来说，这就是工匠精神的传承。在我国景德镇，有延续了几千年的窑火和工艺，陶艺从业者在前人的基础上不断改良创新，造就了景德镇特有的陶瓷文化，也成就了一名又一名陶艺工匠。我们的祖辈，已经拥有了工匠精神，在新的发展征程上，我们更需要发扬工匠精神。

在我们身边有一些人，他们执着、坚守，对自己的工作精雕细琢，他们拥有精益求精的匠心。例如，一生只守一架琴，甘守清贫的巫漪丽；潜心21年苦心钻研成“土专家”的铁轨工匠信恒均；在故宫里思考10年，修复2年，让古钟出尘现光华的王津……他们都是工匠精神的传人。今天，我们向他们致敬和学习，学习他们执着坚守和精益求精的匠人精神。

作为职业院校的学生应该学习工匠精神，对待自己的专业要认真钻研，刻苦学习，在实习岗位上要勤恳工作、努力上进，对待工作要专心致志、不懈怠；我们要学习工匠精益求精的精神，做事情追求极致、细致，用心做好自己的工作；学习工匠的专注精神，专心致志做自己专业的事情，将自己的工作做成事业，培养专注的品质；学习工匠的创新精神，在守住传统的同时大胆创新，勇于尝试是一种优秀的品质，值得我们学习和借鉴。

最美劳动者

李云鹤

就连李云鹤自己都没想到能从师傅手里接过画笔，壁画修复师的工作他一干就是一辈子，他以心为笔，默默守护在大漠深处的敦煌，几十年来，他笔耕不辍，修复的壁画达到了惊人的4000余平方米，修复塑像500余身。他的扎实工作取得了多项文物保护方面的成果。如今他已成为我国文物修复界的泰斗级人物，他在工作中勇于创新，他所独创的“空间平移”和“整体揭取”等技术在敦煌文物保护上做出了重大贡献。他所研究的“筛选壁画修复材料工艺”获全国科学大会成果奖。

壁画修复工作异常枯燥，可李云鹤心如止水，内心平静，甘愿在这贫瘠的沙漠中默默耕耘，无私奉献。正是因为李云鹤这样有匠心的文物守望者们，我们才能继续一睹敦煌壁画的风采。如今李云鹤已高龄，但一直奔跑在文物壁画修复第一线，他走访了全国11个省市，先后为国内26家文物单位进行一线修复和技术指导，这位高龄老人，直到“大国工匠”颁奖前一天，才从四川新津县观音寺5米多高的脚手架上撤下来。

退休后的李云鹤一直心系后人，继续发挥余热。他通过自己的言传身教和潜移默化继续影响和感染着新一代的文物修复工作者。通过他的心手相传，多位学生已经成为我国壁画和彩塑修复项目的传承人。文物的生命在他与他学生的指尖继续延续，他就是敦煌的守望者——李云鹤。

活动评价（见表14-3）

表14-3 反思精进——陶艺制作活动评价表

担任职务			
责任分工			
评价项目	评价主体		
	自我评价	组长评价	对方评价
劳动意识			
吃苦耐劳			
团队合作			
沟通协调			
责任担当			
改进措施			

注：活动评价表的填写可为等级评价形式。其中，A：优秀；B：良好；C：合格；D：不合格。

活动拓展

通过本次陶艺制作活动，自己设计一个笔筒，并尝试使用轻黏土手工制作完成。

活动 15

制作石雕

活动目标

（1）体验石雕、石刻制作，学习石雕、石刻作品中体现的匠人精神，激发创新欲望。
（2）懂得创意与生活息息相关的道理，并体会创新创业的意义。
（3）养成独立思考的习惯，促进自我个性化发展。

活动准备

1. 了解石雕、石刻的石材

了解石材的分类，学会根据活动内容选择石材。

石材分类

用于石雕、石刻的主要石材介绍如下。

花岗石：花岗石结构致密，抗压强度高，吸水率低，表面硬度高，化学稳定性好，耐久性强，但耐火性差，花岗石一般可用作装饰板材或艺术品雕刻石材。

大理石：不易变形，刚性好、硬度高，耐磨性强，受温度影响的变形小，使用寿命长，主要用于建筑物的墙面、地面等，也可作为制作工艺美术品的原材料。

青石：最常用作铺路石板，也可作为制作石雕、石刻作品的石材。本次石雕、石刻体验活动中使用的石材就为青石。

红砂石：可用来进行石雕，且有防潮和吸收噪声的功能。

2. 了解石雕、石刻的工艺方法

通过老师讲解，认真学习石雕、石刻的工艺方法。

石雕、石刻的工艺方法

圆雕：工艺以镂空技法和精细剁斧见长。此类雕件种类很多，多数由单一石块雕塑，也有由多块石料组合而成的。

浮雕：在石料表面雕刻有立体感的图像，是半立体形的雕刻品。因图像浮凸于石面而称浮雕。浮雕多用于建筑物的墙壁装饰。

沉雕：又称“线雕”，即采用“水磨沉花”雕法。此类雕法吸收了中国画写意、重叠、线条造型、散点透视等传统笔法。沉雕多数用于建筑物的外壁表面装饰，有较强的艺术性。

壁雕：是雕刻的一种，雕刻者在一块平板上雕刻出凹凸起伏的形象，使它脱离原来材料的平面，壁雕用压缩的办法来处理对象，靠透视等因素来表现三维空间，可供一面或两面观看。

透雕：有两种形式，一是在浮雕的基础上，通常镂空其背景部分；二是介于圆雕与浮雕之间的一种雕塑形式，也称凹雕。

影雕：在早年的"针黑白"工艺基础上发展起来的新工艺。因作品都以照片为依据，故称"影雕"。

3. 了解石雕、石刻工具（见图 15-1）

图 15-1　石雕、石刻工具

（1）尺子、铅笔：用于将设计图纸按比例绘制到石材上。

（2）刷子：可将雕刻下来的石头碎渣清除干净。

（3）凿子：不同形状、大小的凿子可用于不同线条的雕刻。

（4）手锤：与凿子配合，按照图纸往石板上进行雕刻。

（5）砂纸：完成粗雕之后，可用砂纸进行细致打磨。

4. 了解石雕、石刻的雕刻手法

雕刻手法：一手握住凿子，一手握住手锤，双手配合进行雕刻（见图 15-2）。

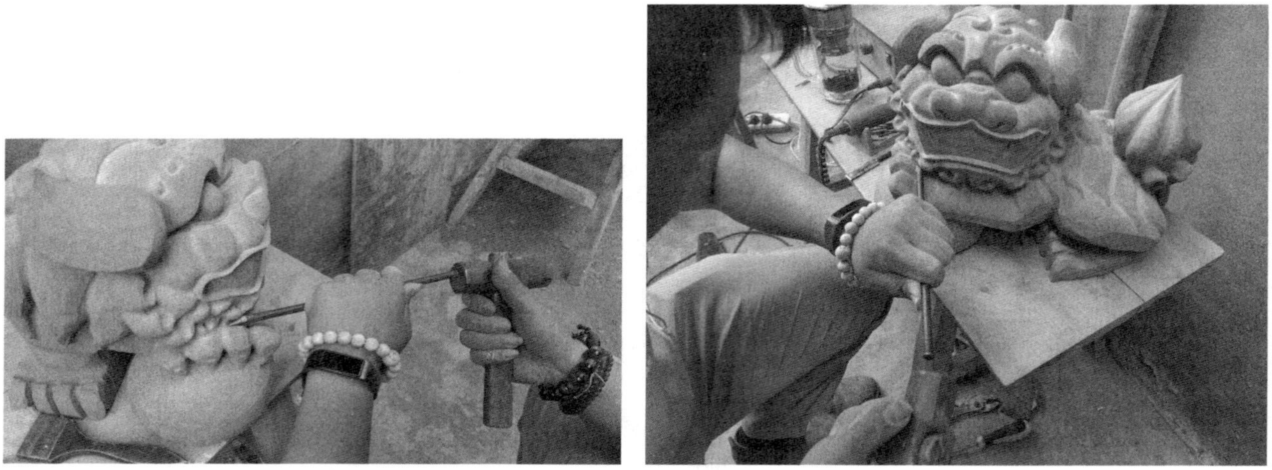

图 15-2　雕刻手法

注意：

（1）凿子头不能面向自己。

（2）雕刻石头时，手要斜向下握住凿子。

（3）使用手锤时，可将手锤上部掌控住，以便于操作并防止锤到自己的手指。

5．分小组选举小组组长

（1）分小组选组长，每 6 人一组。

（2）组长职责：负责落实本组工作内容执行、组员管理、组内分工、组间协调合作等。

（3）组员职责：服从组长管理，自觉遵守活动纪律，积极参与、团结协作。

6．查找以“逆行者”为主题的英雄事迹

活动前，每小组至少准备 3 个以“逆行者”为主题的英雄事迹。由小组组长分配任务，由组员积极配合准备。

7．物资准备

（1）资金筹备。

（2）统一服装。

（3）石雕、石刻使用的工具、石材。

（4）摄影、摄像器材。

8．场地准备

确定活动场地并对场地进行布置。

活动步骤

1. 精心组织与细致落实

（1）以小组为单位分享以“逆行者”为主题的英雄的事迹。

（2）根据自己对英雄事迹的体会，设计图纸（见图 15-3）。

（3）将设计出来的图纸，根据石材大小，按比例描绘到石材上（见图 15-4）。

图 15-3 设计图纸

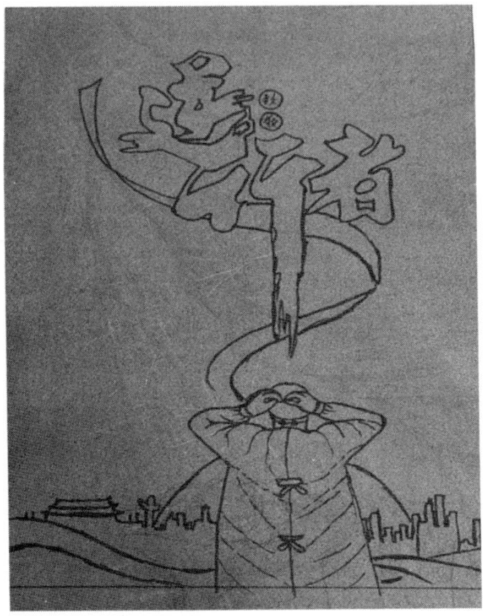

图 15-4 按比例描绘到石材上

（4）粗雕。根据设计进行粗雕，雕制过程中及时调整、修正设计方案（见图 15-5）。

（5）细雕。在粗雕的基础上深入雕刻，使作品基本成型（见图 15-6）。

图 15-5 粗雕

图 15-6 细雕

（6）精雕、打磨。雕刻作品的细节，使作品更加出彩。

2. 细数感动、反思精进——制作石雕活动主题班会

（1）小组代表依次汇报本次活动的体会，在讲解中回忆美好时光。

（2）评价反思。

① 分组展开讨论，组长代表本组进行自评，指出优点及不足，并提出改进措施。

② 其他小组依次对自评小组进行评价，指出优点及不足，并提出改进建议。

（3）班主任对本次活动进行总体评价。

（4）同学们自行完成活动感悟。

活动感悟（见表 15-1）

表 15-1 细数感动——制作石雕活动感悟

我的付出	
我的收获	
我的感悟	
活动剪影	（照片张贴处）

活动链接

创新与创业

创新引领未来，创业造就梦想。创新创业使自我价值得到了体现与升华，催生了新业态、新经济、新模式、新职业，引领了一个新的就业潮流。

在宽松的创新创业环境中，作为职业院校的学生应该注重培养自己的动手能力，多参与劳动教育活动和手工操作活动，增强创新意识；注重提高文化水平，能够自学创新知识，积极探索；注重三观塑造，重视精神教育，明确社会责任，提前树立远大理想；为实现创业理想，应做到踏实做事，弘扬“敢为人先、追求创新、百折不挠”的创业精神。

最美劳动者

李万君

职高毕业的李万君成为全国技术工人学习的榜样。2011 年荣获“中华技能大奖”；2016 年荣获“全国优秀共产党员”称号，2018 年被评为“大国工匠 2018 年度人物”，被誉为“工人院士”。

李万君从一个普通焊接工炼成大国工匠绝非偶然。他就职于中车长春轨道客车股份有限公司，是我国生产高铁客车的大型企业。父亲李世忠对他的影响巨大而深远。父亲曾被中国铁路机车车辆工业总公司评为劳动模范，被长春市授予“五一劳动奖章”。李万君从父亲身上学习到了爱岗敬业、刻苦钻研、吃苦耐劳的优秀品质。1987 年，年仅 19 岁的他职高毕业，进入长客车间工作。这里的车间长年火星四溅，到处弥漫着呛鼻的烟雾，工作环境着实不甚理想，要么没人愿意来工作，要么来了坚决申请调走。但李万君进入车间工作后沉心静气，从不抱怨，也不退缩，一心苦练技术，磨炼技艺，为后期发展奠定了坚实基础。

李万君经过几十年持之以恒的不懈努力，拥有了 6 项国际焊工资格证书和国际焊接技师证书，组织开展技术攻关 100 多项，其中 31 项获国家专利。在李万君眼里，每一个焊件都是完美无缺的艺术品，哪怕焊件存在一处小小的瑕疵，都可能会引发重大安全事故。

中国高铁从追赶到领跑，凝聚着李万君的匠心和青春。他热血丹心，表里如一，巧夺天工，精益求精，在平凡中超凡，心系祖国高铁事业的发展，不竭余力地贡献着自己的力量。他无愧于“大国工匠”的光荣称号。

活动评价（见表 15-2）

表 15-2　反思精进——制作石雕活动评价表

担任职务			
责任分工			
评价项目	评价主体		
	自我评价	组长评价	对方评价
劳动意识			
吃苦耐劳			
团队合作			
沟通协调			
责任担当			
改进措施			

注：活动评价表的填写可为等级评价形式。其中，A：优秀；B：良好；C：合格；D：不合格。

活动拓展

根据本次活动的体验，设计并开展一次以“我最敬爱的爸爸妈妈”为主题的石雕、石刻体验活动。

活动 16

直播销售

活动目标

（1）了解本地特色产品，熟悉其发展历史和制作工艺。

（2）在实践中体会劳动的艰辛，收获劳动创造价值的喜悦。

（3）利用身边的资源，寻求创新创业的方法，培养创业创新的意识。

活动准备

1. 培训学习

（1）集思广益。

选择最能体现本地特色的商品，梳理其发展历史，熟悉制作工艺，学习行业代表人物的先进事迹。

选品小妙招

产品独特性：一个产品能否从众多竞品中脱颖而出，并给用户留下深刻印象，取决于产品是否给用户营造出一种独特的感觉。因此，要尽量选取最能代表本地传统特色的产品。

有价值且复购率高：直播不是一次性的买卖，产品=内容+体验+服务，应尽量选取性价比高的产品，并以“体验+服务”的模式提升产品复购率，以此扩大销售量，最终提高销售额。

深入了解：充分挖掘产品的特性，熟悉其历史、工艺，做到能够熟练介绍产品。

提前试用：提前试用准备直播销售的产品，了解其使用感受，这样在直播时才能将最真实的体验准确告知观众。

（2）学习直播销售技巧。

① 选择直播平台。

② 学习直播话术。

描述方式：“产品特征+产品优势+粉丝利益+赋予情感”。

产品特征：可以使用陈述句，对产品比较独特的成分或功能进行说明。

产品优势：基于产品特征，站在产品角度阐述其优势。

用户利益：基于产品优势，站在用户角度阐述用户利益。

赋予情感：体现更高的同理心，与用户情感达成共鸣。

2. 事前联络

联系产品经销商，获得对方信任后获取网络店铺地址，了解产品质量、产品价格、发货周期、运费、质保等相关问题，商讨用于直播的促销活动，申请用于直播销售活动的样品。

3. 分组分工

根据分组分工表（见表 16-1）部署安排工作。

表 16-1 产品直播销售活动分组分工表

<table>
<tr><th colspan="2">组织设置</th><th>工作内容</th><th>岗位设置</th><th>岗位职责</th></tr>
<tr><td colspan="2" rowspan="2">领导小组</td><td rowspan="2">全面统筹直播活动</td><td>组长：</td><td>负责活动中的监督检查、进度把控等</td></tr>
<tr><td>副组长：</td><td>落实安全保障，协助组长管理，监督工作小组执行工作内容</td></tr>
<tr><td rowspan="10">工作小组</td><td rowspan="2">策划协调组</td><td rowspan="2">负责与学校学生活动主管部门进行工作报备及资格审批；负责与经销商联络、了解情况等；根据产品特性并结合班级特色、专业特色确定直播方案；选择直播平台；负责其他各工作小组的人员分配、组间人员的调配与协商；负责统计直播活动中的各项数据</td><td>小组长：</td><td rowspan="10">小组长：负责落实本组工作内容执行、组员管理、组内分工、组间协调合作

组员：服从组长管理，自觉遵守活动纪律，积极参与，团结协作</td></tr>
<tr><td>组员：</td></tr>
<tr><td rowspan="2">主播组</td><td rowspan="2">推选善于表达的同学做主播，并进行直播培训。每位主播配备一名助理</td><td>小组长：</td></tr>
<tr><td>组员：</td></tr>
<tr><td rowspan="2">宣传组</td><td rowspan="2">负责活动宣传方案的拟定；负责直播推送、宣传报的设计及制作；负责活动准备期间参与人员的思想引导；负责直播期间的对外宣传；负责活动中的摄影、摄像，并收集宣传资料；负责活动后期的对外宣传工作等</td><td>小组长：</td></tr>
<tr><td>组员：</td></tr>
<tr><td rowspan="2">后勤物资组</td><td rowspan="2">负责提前申请直播样品；负责直播活动中的物资管理、场地布置、样品退还及活动结束后的收尾工作等</td><td>小组长：</td></tr>
<tr><td>组员：</td></tr>
<tr><td rowspan="2">安全保障组</td><td rowspan="2">拟定直播过程《安全承诺书》，并组织全班同学进行培训，做到人人知晓；负责直播过程中的安全隐患排查及监督</td><td>小组长：</td></tr>
<tr><td>组员：</td></tr>
</table>

4. 安全事项

根据学校流程提前报备，向学校主管部门上报产品直播销售活动安全预案；拟定《安全承诺书》以明确安全责任，对全班同学进行安全培训。

（1）设计安全预案，填写《产品直播销售活动安全预案申报表》（见表 16-2）。

表 16-2　产品直播销售活动安全预案申报表

申报班级		部门负责人（签字）	
活动内容		活动地点	
活动时间		参与学生	
带队教师			
产品直播销售活动安全预案			
分管部门意见			
分管副校长意见			
校长意见			

（2）拟定《安全承诺书》，每位活动参与者签字并留存。

（3）开展一次全体安全培训会议，做好会议记录并留存。

5. 物资准备

（1）准备要直播的产品的样品，尽量多准备几种。

（2）统一服装。

（3）制作用于直播背景图的产品海报。

（4）准备手机支架、补光灯（可用手机电筒代替）、产品陈列台（可用课桌代替），以及至少两部手机用于现场直播。

（5）高速率无线网络。

（6）摄影、摄像器材（可用手机代替）。

（7）直播所需台词。

6. 场地准备

确定活动场地，如教室、录播室、演播室、摄影棚等。

7. 活动前宣传

提前制作直播活动宣传海报，通过学生、老师、家长进行网络宣传，吸引人气，扩大影响力。

8. 活动前彩排

在活动前进行直播预演，预判直播过程中可能出现的问题，并提前制定解决方法。

活动步骤

1. 精心组织与细致落实

（1）在活动场地集合并清点人数，检查工具、物品，再次强调安全注意事项。

（2）由直播组布置直播场所并进行设备调试，由助理检查主播的仪容、仪表。

（3）由宣传组进行直播前的网络宣传，公布直播间网址等。

（4）由安全保障组检查场地设备，避免直播过程中出现安全问题。

（5）开展直播活动。

① 由主播介绍产品，用词应清晰准确、充满激情，应能够正确介绍产品属性和各种优惠活动。

② 主播助理在直播过程中根据主播的解说，协助展示商品的特征。

③ 宣传组应随时发布直播情况，利用各种渠道吸引粉丝。

④ 后勤物资组保证直播过程中样品充足，随时为主播、产品提供灯光，在讨论区公布产品链接。

⑤ 策划协调组应随时掌握各小组的访问量和销售量，并与经销商核对库存信息，申请优惠政策。

（6）统计各组最终的粉丝数量、访问量、销售量。

（7）活动现场清理。

（8）道具、样品归还。

（9）请同学们分组制作直播活动总结汇报材料（可选用 PPT 或其他直观的形式），宣传组制作直播活动总结，其中包括本组工作概况、活动现场难忘瞬间、活动收获、活动感悟、活动反思五个内容。

2. 细数感动、反思精进——产品直播销售活动主题班会

（1）小组代表依次汇报活动体会，回忆美好时光。

（2）评价反思。

① 分组展开讨论，由组长代表本组进行自评，分析优点及不足，并提出改进措施。

② 其他小组依次对自评小组进行评价，分析优点及不足，并提出改进建议。

（3）班主任对本次直播活动进行总体评价。

（4）请同学们自行完成活动感悟。

活动感悟（见表 16-3）

表 16-3 细数感动——产品直播销售活动感悟

我的付出	
我的收获	
我的感悟	
活动剪影	（照片张贴处）

活动链接

如何开展创新创业

人们对于创新创业的需求越来越多，而创新创业，方法先行，建议从以下几个方面来考虑。

1. 需求分析

在发掘创业项目时，眼光不要只放在能改变社会生活的大项目上，要善于发现身边的小需求，利用全新的方式去展示。只要能够给现有资源带来新价值的活动就是创新。

2. 方案设计

创新创业与传统创业最根本的区别在于创业活动中是否有创新因素。这里的创新不仅指的是技术方面的创新，还包含产品创新、品牌创新、服务创新、商业模式创新、管理创新、组织创新、市场创新、渠道创新等。同时，要把握新政策，合理利用政策优势，一个好的项目如果有政策的扶持，就更容易成功。

3. 方案试验

试运行方案，探索方案的可行性，查找漏洞和缺陷。

4. 完善方案

根据试验结果，解决试验过程中出现的问题。

5. 运行维护

创业需要坚持，要发挥坚持不懈的工匠精神，开展创造性劳动，在一件事情上务实求真、不断改进，要不畏风险、积极向上，创业活动才有可能成功。

典型案例

技能：让生活更美好
阳城职中机电工程与交通能源系宣传日活动纪实

为贯彻党的二十大精神和习近平总书记关于职业教育工作的重要指示，落实全国职业教育大会精神，大力弘扬劳动光荣、技能宝贵、创造伟大的时代风尚，向全社会宣传展示技能传承优秀文化、技能创造美好生活、技能助力国富民强的职业教育改革发展成果，进一步营造全社会关心支持职业教育的良好氛围，阳城县职业高级中学校定于5月14日至20日举办2023年职业教育活动周暨校园开放周活动，如图16-1所示。

职业教育活动周

今年的职业教育活动周以“技能 让生活更美好”为主题，如图16-2所示。2023年5月16日，我校机电工程与交通能源系的家长朋友走进校园、走进教室、走进实训室，了解国家职教政策，参观我校办学成果，感受孩子成长发展，进一步扩大了我校的社会影响力，营造了全社会关心支持职业教育的良好氛围。

图 16-1　职业教育活动周 1

图 16-2　职业教育活动周 2

通过“技能成才，强国有我”主题班会及家校交流会，家长对孩子的成长发展有了直观了解，特别是看到感恩信后，深有感触，对学校管理、教育教学质量以及职业教育有了深入了解，对职业教育的支持更加坚定。

随后参观机电工程与交通能源系实训室及学生技能展示。

参观校园后，家长和学生一起就餐，气氛轻松愉快，看得出来，家长为孩子的选择感到满意，学生为自己的收获感到自豪！

技能，让生活更美好。我们将继续与社会各界一道，携手同心，与时代同行，笃行实干，踔厉奋发，开拓创新，共同谱写阳城职业教育新篇章。

最美劳动者

宋彪

宋彪，1998 年 11 月出生于安徽蚌埠。初中时，宋彪的成绩并不出众，在同当技术工人的父亲促膝长谈之后，宋彪给自己定下了明确的目标：走技术之路，拿稳拿好操作工具。因此，宋彪来到江苏省常州技师学校，学习机械工程模具制造专业。由于初中基础差，宋彪一开始学习比较吃力，经常跟不上进度，但他毫不气馁，咬牙坚持。除此之外，他还经常利用空余时间找老师请教，解决自己学习上遇到的疑难困惑，仅仅一个学期，他的成绩就有了明显进步。从此，他更是一头扎进车间磨炼技术，即使满手水泡，也不落下训练。就是在这样的刻苦磨炼下，他很快就在学校技能大赛中崭露头角。2016 年，他以江苏省选拔赛第一名的成绩晋级全国选拔赛，又以第三名的成绩进入国家集训队。

在长达一年多的备赛时间里，宋彪每天训练的时间基本都在 10～12 个小时。在如此高强度训练的磨砺下，加之高水平专业教练的指导，宋彪的技术日益精进，逐渐成为焊接、车削加工、铣削加工、装配调试等技术全才。世界大赛如期而至，宋彪凭借扎实过硬的基本功、高超的装配技术、牢不可破的心理素质，一举夺得第 44 届世界技能大赛工业机械装调项目金牌，并以大赛最高分荣获“阿尔伯特·维达”大奖。

高超精湛的技能，一样能创造出辉煌灿烂的人生，不负一场人生之旅。新生代工匠宋彪用精湛的技术，让他的生命熠熠生辉，圆梦匠心！

活动评价（见表 16-4）

表 16-4　反思精进——产品直播销售活动评价表

担任职务			
责任分工			
评价项目	评价主体		
	自我评价	组长评价	对方评价
劳动意识			
吃苦耐劳			
团队合作			
沟通协调			
责任担当			
改进措施			

注：活动评价表的填写可为等级评价形式。其中，A：优秀；B：良好；C：合格；D：不合格。

活动拓展

根据本次活动体验，设计并开展一次以“直播助农为农产品打开销路”为主题的直播活动。

项目七

匠心传承

活动 17

烘焙月饼

活动目标

（1）培养做事保持耐心、执着钻研、把握细节的习惯。

（2）了解工匠精神的基本内涵，在实践中努力学习和践行工匠精神。

（3）通过对月饼成品品相的分析，提高发现问题、分析问题、解决问题的能力。

活动准备

1. 培训学习

（1）组织全体同学学习中式、西式食品烘焙，了解烘焙原料及工具的使用方法，学习操作技巧，提高思想认识，端正学习态度，培养专注和耐心的品格。

烘焙月饼操作小妙招

（1）烘焙蛋黄月饼时，馅内的鸭蛋最好选用生蛋黄。这样烤月饼时，蛋黄出的油会融进月饼皮中。

（2）月饼皮的软硬程度必须要和馅料的软硬程度达到一致。皮太软，容易粘在模具上，皮太硬，烤出来的月饼容易脱皮，外形不自然，发干且不容易回油。

（3）油与糖浆要充分混合后才能放面粉，否则月饼皮容易渗油。

（4）将月饼从模具中扣出时，用力要均匀，不可反复用力，一般侧扣一下，反面正扣一下即可脱模，模具中的干粉也不宜多放。

（5）上烤箱烤的时间应根据月饼块的大小决定，也可在烤的过程中打开烤箱看一看，以免烤焦。

（6）定型好的月饼取出后刷一层薄薄的蛋黄水，动作要轻，注意刷蛋黄水的时候不要贪多，刷一次就好，这样出炉的月饼才好看。

（7）为了使烤出的月饼更香，在和面时可少加入一点黄油，但切忌加多，以免脱皮。

（8）蛋黄月饼做好后，最好回油两至三天。

（2）学习中式和西式烘焙食品的分类。按照地域特色，可将烘焙食品分为中式点心和西式糕点两大类（见表 17-1）。

表 17-1 中式点心与西式糕点

分类	种类	示例	特点
中式点心	麦类面粉制品	包子、馒头、饺子、油条	选料精细，花样繁多，讲究馅心，注重口味，成型技法多样，造型美观
	米类及米粉制品	八宝饭、汤圆、年糕、松糕	
	豆类及豆粉制品	绿豆糕、月饼、豌豆黄	
	杂粮及淀粉类制品	小窝头、黄米炸糕	
	其他原料制品类	荔芋角、薯茸饼、南瓜饼	
西式糕点	蛋糕类	海绵蛋糕、戚风蛋糕	用料讲究，无论何种点心品种，其面坯、馅心、装饰、点缀等都有各自选料标准。各种原料之间都有适当的比例，而且大多数原料要求称量准确
	混酥类	蛋挞、派、蛋黄酥	
	清酥类	舌头酥、起司条	
	面包类	发酵面包、吐司、牛角包	
	泡芙类	奶油泡芙	
	饼干类	曲奇饼干、夹心饼干	
	冷冻甜食类	果冻、布丁、冰激凌	
	巧克力类	酒心巧克力、动物模型巧克力	

学习月饼的制作方法。月饼，如月一样圆满，寓意家人团圆，是古代中秋祭拜月神的贡品，延传下来便成了人们在中秋吃月饼的习俗。

蛋黄豆沙月饼的制作

原料：

面粉、鸭蛋黄、红豆沙馅、白糖浆、碱水、生油、鸡蛋。

制作方法：

（1）将白糖浆、碱水、生油、面粉一点点地融合到一起并和成面团。面粉、白糖浆、碱水、生油的比例为 25∶20∶7∶5。

（2）把和好的面团揪成大小相同的小面团，然后擀成面饼。

（3）将豆沙捏成小圆饼，包入鸭蛋黄后裹紧成馅团。

（4）将馅团包入擀好的面饼内，揉成面球。

（5）准备一个木制的月饼模具，放入少许干面粉，将包好馅的面团放入模具中，压紧、压平后再将其从模具中扣出。

（6）用鸭蛋调出蛋汁（使用3个蛋黄和1个全蛋），做好后待用。

（7）把月饼放入烤盘内，用毛刷刷上一层调好的蛋汁再放入烤箱。

（8）烤箱的温度设置为180℃，烤20分钟左右，中间要取出一次，再刷一遍蛋汁。

质量要求：

外形花纹清晰、饱满，饼腰微凸，饼面不凹缩，烤好的月饼没有毛边、爆裂、露馅，皮馅紧贴。月饼皮质松软、甜度适口、表皮亮润光滑、底部呈浅褐色为佳。

2. 事前联络

联系烘焙场所，确定活动时间，确定参加人数、烘焙活动内容和所需材料。

3. 分组分工

根据分组分工表（见表17-2）部署安排。

表17-2　烘焙月饼活动分组分工表

组织设置		工作内容	岗位设置	岗位职责
领导小组		全面统筹烘焙活动工作	组长：	负责制作过程中的监督检查、进度把控等
			副组长：	落实安全保障，协助组长管理，监督工作小组执行工作内容
工作小组	策划协调组	负责与学校安全主管部门进行工作报备及资格审批；负责了解、联络、确定烘焙场所；负责根据场所条件，结合班级人数，合理进行人员分组。负责其他各工作小组的人员分配、组间人员的调配协商	小组长：	小组长负责落实本组工作内容执行、组员管理、组内分工、组间协调合作 组员服从组长管理，自觉遵守活动纪律，积极参与、团结协作
			组员：	
	宣传编辑组	负责活动宣传方案的拟定；宣传报的设计及制作；负责活动中的摄影、摄像及宣传资料收集；负责活动后期的对外宣传工作等	小组长：	
			组员：	

续表

组织设置		工作内容	岗位设置	岗位职责
工作小组	后勤物资组	负责烘焙材料资金的筹集；负责活动中同学们的物资管理；负责物品采购、场地布置、交通工具的确定，以及活动结束后的收尾工作等	小组长：	
			组员：	
	安全保障组	拟定《安全承诺书》，并对全班同学培训，做到人人知晓；负责烘焙活动过程中的安全隐患排查及监督	小组长：	
			组员：	

4. 注意事项

（1）安全要求：烘焙过程中应注意电气设备的操作安全，烤箱一旦通电，不要触摸电热元件、内腔、烤盘、烘筛和格子。推入或拉出烤盘时，使用专用工具操作，以防灼伤皮肤。使用和面机时，如搅拌不均匀或掉入脏东西，需要用手调整或取面时，必须先关闭电源，待停机后再进行操作。

（2）态度要求：认真观察老师的示范操作并做好笔记，掌握制作流程及要领，情况允许时可拍视频留存，方便以后反复学习。

（3）月饼含有很多油脂和蔗糖，过量食用会导致胃胀、消化不良，严重时还会引起腹泻。食用月饼要适量。

（4）月饼不宜放入冰箱储存，在低温环境下，淀粉会老化，使月饼变硬、口感变差。储存月饼最好放置在室内阴凉干燥处（要注意储存时间不要过长），散装月饼可以放置三到五天；有独立小包装或包装中有防腐料包的月饼，可以保存十几天。

（5）吃月饼不宜同时搭配含糖较高的汽水或果汁等饮料。建议搭配绿茶，绿茶不仅有助于消化，还能解油腻。

5. 物资准备

（1）资金筹备。

（2）烘焙食材准备。

（3）烘焙时的服装。

（4）制作烘焙活动宣传横幅。

（5）摄影、摄像器材。

6. 场地准备

活动场地确定及布置。

活动步骤

1. 精心组织与细致落实

（1）在教室集合后分小组清点人数，安排各组组长检查仪容仪表，再次强调安全注意事项。

（2）乘坐事前确定的交通工具，按时出发。

（3）到达目的地后再次清点人数，按组整队并在烘焙店工作人员指引下进入店内，到达活动指定区域。

（4）认真听取烘焙老师的指导，并在老师的带领下制作月饼。

（5）成品完成后分小组拍照留念。

（6）整理活动区域，各组人员可将自己的作品打包带走。

2. 细数感动，反思精进——烘焙月饼活动主题班会

（1）小组代表依次汇报活动体会。

（2）分析月饼品相不好的原因（见表 17-3）。

表 17-3　月饼品相不好的原因

现象	分析原因	改进措施
月饼出炉后饼皮容易脱落		
月饼出炉后塌陷		
月饼出炉后表面开裂		
月饼回油比较慢		
月饼饼皮表面有小气泡		
月饼外观不正		
月饼皮馅分离		
其他		

（3）评价反思。

① 分组展开讨论，各组组长代表本组进行自评，提出优点及不足，并提出改进措施。

② 其他小组依次进行自评和互评，提出优点及不足，并提出改进措施。

（4）班主任对本次烘焙月饼活动进行总体评价。

（5）同学填写活动感悟。

活动感悟（见表 17-4）

表 17-4　细数感动——烘焙月饼活动感悟

我的付出	
我的收获	
我的感悟	
活动剪影	（照片张贴处）

活动链接

工匠精神的基本内涵

工匠精神，是一种职业精神，是职业道德、职业能力、职业品质的体现，是从业者的一种职业价值取向和行为表现。工匠精神的基本内涵包括敬业、精益、专注、创新等方面的内容。

敬业是从业者基于对职业的敬畏和热爱而产生的一种全身心投入的认认真真、尽职尽责的职业精神状态。

精益就是精益求精，是从业者对每件产品、每道工序都凝神聚力、精益求精、追求极致的职业品质。所谓精益求精，是指已经做得很好了，还要求做得更好。

专注就是内心笃定而着眼于细节的耐心、执着、坚持的精神。一旦选定行业，就一门心思扎根下去，心无旁骛，在一个细分产品上不断积累优势，在各自领域成为“领头羊”。

创新是以新思维、新发明和新描述为特征的一种概念化过程。工匠精神还包括追求突破、追求革新的创新内蕴。

最美劳动者

冉 鹏

冉鹏，荣获“全国五一劳动奖章”，也是国家级“冉鹏技能大师工作室”领衔人。

1980 年 7 月，毕业于技校的冉鹏被分配到矿区当上了钻井工，1983 年因工作调整改行当了发电工，在这个职位上他坚持学习相关专业电工知识，不断提升自己。他的好学上进被公司看重，被派到成都科技大学电子技术培训班学习，再次进入校园的他没日没夜地沉浸在电子技术的学习中，三个月后荣获“优秀学员”称号并回到公司。1999 年底，进口的第二台电动钻机到达公司进行验收测试时，十余项电控问题在兰石厂调试验收过程中被发现，冉鹏受命前往兰石厂排除故障。整整 6 天的奋战，故障全部排除，设备全部验收出厂。2010 年 1 月，中国石油集团公司中横空出世一个以姓名命名的工作室——“冉鹏工作室”。冉鹏带领着团队解剖、消化并掌握了多种设备的维护维修技术。摆脱了对厂家的技术依赖，实现了自主维修。由他牵头设计研发的多种工具在川东钻探公司全面推广应用。想前线所想，急前线所急。以他名字命名的“冉鹏井场电子电气设备故障快速排除法”，多次纠正厂家的错判并排除厂家无法排除的设备疑难故障，避免了井队停钻待料等方面的损失。2017 年，利用“冉鹏井场电子电气设备故障快速排除法”，半小时就找到了 ECU 控制主板短路部位，并完成了修复，为一线柴油机顺利排除故障。同年，冉鹏工作室惊艳亮相国际创博会。

一直以来，冉鹏在不断进步、不断取得成果的同时，毫不吝啬地将自己的丰富经验传授给其他人，带动大家一起进步。

活动评价（见表 17-5）

表 17-5 反思精进——烘焙月饼活动评价表

担任职务			
责任分工			
评价项目	评价主体		
	自我评价	组长评价	对方评价
劳动意识			
吃苦耐劳			
团队合作			
沟通协调			
责任担当			
改进措施			

注：活动评价表的填写可为等级评价形式。其中，A：优秀；B：良好；C：合格；D：不合格。

活动拓展

本次烘焙月饼活动结束后，同学们可以将自己的作品分享给家人和朋友，还可以通过网络搜索其他类型月饼的制作方法，与家人一起制作月饼。

活动 18

制作酸奶

活动目标

（1）引导学生认识乳酸菌，培养学生全面看待事物的能力。

（2）了解生活中的科学，增强学生科学健康的意识。

（3）了解工匠精神的当代价值，践行爱岗敬业、精益求精的工匠精神。

活动准备

1. 培训学习

组织全体同学开展培训，了解酸奶的基础知识，掌握制作酸奶的基本步骤、方法，了解所需工具和注意事项。培养学生端正的劳动态度，在学习劳动技巧中领悟劳动的意义。

酸奶小知识

（1）发酵乳、优酪乳都是酸奶。它们是使用不同的菌种经过发酵后得到的乳品，虽然组合形式有所不同，但都是酸奶大家族中的一员。优酪乳的名字是根据英文 yogurt 发音直译过来的。

（2）酸奶中不添加增稠剂。在牛奶和其他奶制品中加入乳酸菌，通过发酵而成的酸奶，即使不添加增稠剂也会在发酵过程中自然变黏稠。牛奶的酸味是乳酸发酵形成的，蛋白质分子间的疏水基团会因为酸性条件聚拢在一起，从而将乳糖、水、脂肪团在一起。这也是酸奶比较黏稠的原因。

（3）酸奶进食时间因人而异。如果想减肥的人可以在饭前饮用酸奶，产生的饱腹感会降低进食量。肠胃功能较弱的人，建议在餐后饮用，以减少肠胃为分解酸奶中的乳糖而产生的负担。

2. 场地准备

联系学校餐饮类实训室或活动教室，获得学校许可并确定活动时间。

3. 分组分工

根据分组分工表（见表 18-1）部署工作。

表 18-1　制作酸奶活动分组分工表

<table>
<tr><th colspan="2">组织设置</th><th>工作内容</th><th>岗位设置</th><th>岗位职责</th></tr>
<tr><td colspan="2" rowspan="2">领导小组</td><td rowspan="2">全面领导制作酸奶活动</td><td>组长：</td><td>负责制作过程中的监督检查、进度把控等</td></tr>
<tr><td>副组长：</td><td>落实安全保障，协助组长管理，监督工作小组执行工作内容</td></tr>
<tr><td rowspan="10">工作小组</td><td rowspan="2">策划协调组</td><td rowspan="2">负责与学校实训主管部门进行工作报备及资格审批；负责联络、确定、活动地点；负责落实活动方案；负责其他各工作小组的人员分配、组间人员的调配协商</td><td>小组长：</td><td rowspan="10">小组长负责落实本组工作内容执行、组员管理、组内分工、组间协调

组员要服从组长管理，自觉遵守活动纪律，积极参与、团结协作</td></tr>
<tr><td>组员：</td></tr>
<tr><td rowspan="2">后勤物资组</td><td rowspan="2">根据制作酸奶所需要的工具准备好物品；设计并组织与小组之间的互动活动，并负责具体实施等</td><td>小组长：</td></tr>
<tr><td>组员：</td></tr>
<tr><td rowspan="2">安全保障组</td><td rowspan="2">负责活动中的摄影、摄像及宣传资料收集；负责活动后期的对外宣传工作等</td><td>小组长：</td></tr>
<tr><td>组员：</td></tr>
<tr><td rowspan="2">技术小组</td><td rowspan="2">负责活动资金筹集；负责活动中物资管理、物品采购、场地布置及活动结束后的收尾工作等</td><td>小组长：</td></tr>
<tr><td>组员：</td></tr>
<tr><td rowspan="2">劳动小组</td><td rowspan="2">拟定《安全承诺书》，并对全班培训，做到人人知晓；负责酸奶制作过程中的安全隐患排查及监督</td><td>小组长：</td></tr>
<tr><td>组员：</td></tr>
</table>

4．安全事项

根据学校活动流程提前报备，向学校主管部门上报制作酸奶活动的安全预案；拟定《安全承诺书》并明确安全责任；对学生进行安全培训。

（1）设计安全预案，填写《制作酸奶活动安全预案申报表》（见表 18-2）。

表 18-2　制作酸奶活动安全预案申报表

申报班级		部门负责人（签字）	
活动内容		活动地点	
活动时间		参与学生	
带队教师			
制作酸奶活动安全预案			
分管部门意见			
分管副校长意见			
校长意见			

（2）拟定《安全承诺书》，每位志愿者签字后留存。

（3）开展一次全体安全培训会议，做好会议记录并留存。

5. 物资准备

（1）发酵罐（如保鲜盒、保温杯或瓷杯等便于密封和保温的容器）。

（2）盒装纯牛奶或鲜奶。

（3）市售原味酸奶（非灭活）或发酵菌。

（4）白糖。

（5）勺子（搅拌用）。

（6）酸奶机。

6. 场地准备

活动场地确定及布置。

活动步骤

1. 制作酸奶

（1）消毒：将酸奶机的发酵内胆、盖子和勺子用开水煮沸消毒（见图 18-1），待温度降到 40℃左右时，将盒装纯牛奶或鲜奶倒入发酵内胆中（见图 18-2）。

图 18-1　消毒

图 18-2　倒入牛奶

（2）接种：倒入发酵菌和白糖（见图 18-3），发酵菌也可用原味酸奶代替，用勺子将其搅拌均匀直到全部融化（见图 18-4）。混匀后加盖密封，如果使用原味酸奶做发酵菌，它与牛奶的比例约为 1∶5 或 1∶10。

图 18-3　倒入发酵菌和白糖

图 18-4　搅拌均匀

（3）发酵：将发酵内胆置于酸奶机中，通电开始发酵（见图 18-5）。如果是在温度比较高的夏季，在室温下就可以达到发酵的目的，在寒冷的冬季也可在暖气附近放置，能达到同样的发酵效果。根据牛奶品质、温度等情况，通常情况下 8～12 小时就可以发酵完毕。

（4）保存：当发酵内胆中的酸奶呈现出半凝固、表面光滑白嫩状态，且表面没有淡黄色的透明液体，闻起来有奶香味时，就表明酸奶已经制作成功了，随后将酸奶装瓶或装罐，冷藏后饮用口味更佳（见图 18-6）。自制酸奶的保质期为一个星期，三天内酸奶的活性乳酸菌最为丰富，在这之前饮用完毕为最佳。

图 18-5　发酵

图 18-6　保存酸奶

2. 细数感动、反思精进——制作酸奶活动主题班会

（1）组织各小组制作交流课件，分组汇报制作过程。

（2）评价反思。

① 分组展开讨论，各组组长代表本组进行自评，总结本组在活动过程的优点和不足，提出改进措施。

② 其他小组依次对自评小组进行评价，指出优点及不足，提出改进建议。

（3）教师对本次制作酸奶活动进行总体评价。

（4）同学们自行完成活动感悟。

活动感悟（见表 18-3）

表 18-3　细数感动——制作酸奶活动感悟

我的付出	
我的收获	
我的感悟	

续表

活动剪影	（照片张贴处）

活动链接

工匠精神的当代价值

“工匠精神”作为一种优秀的职业道德文化，它的传承和发展契合了时代发展的需要，具有重要的时代价值与广泛的社会意义。

最美劳动者

谭文波

新疆，戈壁滩深处，有这样一群人，他们在荒漠中接力燃烧着、奉献着自己的青春，一抹橘红让暗淡的荒漠充满生机。他们有一个共同的名字——石油人。在这群人当中，有一个人叫谭文波，他是高级技师、中国石油天然气集团有限公司技能专家，先后获“全国五一劳动奖章”，当选 2018“全国工匠年度人物”。这是西部钻探的骄傲，也是石油行业的荣耀。

26 年前技校毕业时，选择就业方向受父亲影响，他来到了新疆，成了石油工人。自参加工作以来，他勤学善思、动手动脑，解决无数一线生产难题，提高了生产效率，降低了作业风险。同事们给他起了个外号，叫他“土专家”。一些小改小动，达不到科研项目的高度，没有经费，没有资源，只有变废为宝。空闲时，谭文波就喜欢捣鼓这些“宝贝”，正是这些看似不值钱、不起眼的“破烂零件”，为他提供了许多创新灵感，解决了许多生产难题。

他致力于发明创造，连业余时间也不放过，因而有了“石油诸葛”之称。这是同事们对他刻苦钻研发自内心的钦佩与赞许。正是他的兢兢业业、勤奋努力，为中国乃至世界石油技术带来一次又一次革新。谭文波的创造和奋斗，为他带来无数赞誉，可对他来说，工作室里琳琅满目的机械设备就是勋章，为石油事业解决的一次次难题后大家的认可就是奖赏。

活动评价（见表 18-4）

表 18-4　反思精进——制作酸奶活动评价表

担任职务			
责任分工			
评价项目	评价主体		
	自我评价	组长评价	对方评价
劳动意识			
吃苦耐劳			
团队合作			
沟通协调			
责任担当			
改进措施			

注：活动评价表的填写可为等级评价形式。其中，A：优秀；B：良好；C：合格；D：不合格。

活动拓展

根据本次制作酸奶活动的体验，设计并开展一次不同味道的酸奶制作活动。

活动 19
中餐点菜

活动目标

（1）体会中国饮食文化的博大精深，弘扬中国饮食文化。
（2）体会工匠精神与劳模精神、劳动精神的关系。
（3）感受服务性劳动的不易，培养勤俭、奉献的劳动精神。

活动准备

1. 培训学习

（1）学习中餐点菜的原因。当有机会和家人、朋友一起外出吃饭时，很简单的一个服务性劳动就是点菜。可你了解中国人吃饭时应当点些什么菜吗？点菜时应该怎样进行荤素营养搭配？应点多少分量的菜才不会浪费？哪些菜的性价比会更高一些？

自古以来"民以食为天"，可见食物在百姓日常生活中占据着重要的位置。同学们，让我们抓住衣食住行等日常生活中的劳动实践机会，自觉参与、自己动手，随时随地进行劳动，现在就从体现饮食文化修养的中餐点菜开始吧！

（2）中餐点菜妙招。学习中餐点菜的小妙招，掌握中国传统用餐习惯，提高服务意识，亲历劳动过程，端正服务性劳动态度，掌握点菜技巧。

点菜小妙招

1. 食物多样

食物种类多样，可分为肉类、蛋类、水产类、主食类、豆制品类、蔬菜类等，点菜时应考虑各种类型的食物搭配，在点同一类菜肴时，也应尽量选择多个品种，比如，点肉类食物时，可选择牛肉、鸭肉、鸡肉、鱼肉、猪肉等不同的肉类，尽量不要重复。

2. 荤素搭配

就餐讲究荤素搭配，营养均衡。点菜时要注意点菜技巧，荤素比例以 1∶1 或 1∶2 为宜。荤菜不在多而在精，点素菜要特别注意。蔬菜分为绿叶蔬菜、橙黄色蔬菜、浅色蔬菜等，尽量在搭配上做到多样组合选择。

3．少油少盐

点菜的时候，可特别注明：炒菜的时候尽量少放油和盐。如果可以的话，多点以蒸、煮、炖为主要烹饪方式的菜。

（3）学习“中国八大菜系”。中国传统餐饮文化历史悠久，在发展过程中逐步形成了八大菜系（见表 19-1）。

表 19-1　中国八大菜系

菜系	特点	代表菜
川菜	麻辣鲜香，重油重盐，“一菜一格、百菜百味”	鱼香肉丝、宫保鸡丁、夫妻肺片、麻婆豆腐、回锅肉
粤菜	选料精细，原汁原味，清而不淡，鲜而不俗，嫩而不生，油而不腻	白切鸡、白灼虾、菜胆炖鱼翅、麒麟鲈鱼
淮扬（苏）菜	清淡为主，用料严谨，注重配色，讲究造型，四季有别	鸡汤煮干丝、凤尾虾、三套鸭、无锡肉骨头
鲁菜	中国历史最悠久、技法最丰富、难度最大、最见功力的菜系	泰山三美汤、奶汤鲫鱼、烧二冬、胶东四大温拌、糖醋里脊
闽菜	以“香”“味”见长，常用红糟调味、制汤	佛跳墙、福州鱼丸、漳州卤面、海蛎煎、面线糊
浙菜	菜式小巧玲珑，清俊逸秀，菜品鲜美滑嫩，脆软清爽	西湖醋鱼、东坡肉、赛蟹羹、家乡南肉、干炸响铃
湘菜	酱香味浓、调味尤重香辣，品种繁多，油重色浓，讲求实惠	剁椒鱼头、辣椒炒肉、湘西外婆菜、吉首酸肉、牛肉粉
徽菜	口味以鲜辣为主，擅长烧、炖、熏、蒸类的功夫菜	一品锅、刀板香、腌鲜臭鳜鱼、虎皮毛豆腐、问政山笋

（4）关注饮食安全。俗话说“病从口入”，强调了饮食安全的重要性。

① 从卫生角度来讲，需要注意：养成吃东西前洗手的习惯；餐具和食材要洗净，尤其是要生吃的瓜果。要做到不喝生水；不吃腐烂变质的食物，不吃不明野菜、野果，如毒蘑菇，很难辨认。

② 从饮食习惯角度来讲，吃东西时不要狼吞虎咽，更不要在吃饭时相互追逐、打闹；一日三餐要定时定量，不要暴饮暴食。

③ 从选择餐馆角度来讲，不选择街头小摊贩，不点劣质食品和饮料。劣质食品和饮料往往卫生质量不合格，食用、饮用都会危害健康。

2. 确定餐别

如果选择在餐厅练习，要提前联系就餐餐厅，获得该餐厅菜单并确认用餐时间、用餐人数、年龄结构、男女比例、用餐喜好、饮食禁忌等。

如果选择在学校练习，可选择学校食堂、餐饮实训室等模拟餐厅完成活动。

3. 区别种类

根据婚宴、寿宴、儿童餐、商务餐、同学会、生日宴等不同的餐饮需求合理点菜。

4. 餐前准备

提前熟悉就餐餐厅的基本情况，将餐厅的名称、位置、包房房号、就餐时间等信息提前告知所有就餐客人，做好客人出行规划，安排统一接送或自行前往。

5. 物资准备

（1）餐厅菜单（如在学校练习需提前准备）。

（2）点菜工具（纸笔或手机、平板电脑等智能点菜设备）。

（3）餐厅环境（真实餐厅或模拟餐厅）。

活动步骤

1. 分组分工模拟

（1）将全班学生分成 4～10 人一组的小组，共分 4～6 组。

（2）安排学生在学校的模拟餐厅（学校食堂、餐饮实训室、教室等）完成本次活动，或者让各位同学利用周末或节假日和家人一起完成。

（3）每组学生可分别模拟婚宴、生日宴、商务餐、便餐等场景，就餐人数自行确定。

（4）根据提供的菜谱和餐别开始点菜。

2. 熟悉点菜程序

（1）乘坐不同的交通工具，前往就餐地点。

（2）接受迎宾引位，选择大厅或包房后进入餐厅。

（3）根据客人身份、年龄、性别等安排座位，注意座次礼仪。就餐人数决定点菜量（注意节约），年龄和性别决定饮食习惯。客人到齐后安排客人落座喝茶。

（4）接过服务员递送的纸质菜单、电子点菜单，或通过扫描二维码进入点菜页面，在服务员的推荐下或按自己意愿选择菜品、小吃、酒水饮料等，服务员确认后，完成点菜。

3. 掌握点菜技巧

（1）主动点菜。

不要让长辈、朋友等亲自点菜，主动拿起菜单来点菜，安排好饮食。

（2）平衡口味。

我们常说“众口难调”，很难做到点的菜适合每一个人的口味。作为主点菜人员，要了解各式菜肴的特点，要尽最大可能去满足大家的口味，要做到口味平衡。

① 建议咸口味占主菜的50%。

② 建议辣味占30%，因为辣味开胃，而且很容易让大部分人接受。

③ 建议小众口味占10%。

④ 建议可以点一些与主菜相配的冷菜、点心与小食。

（3）均衡食材。

① 建议鱼、虾、蟹这类海鲜，原则上可以选择一样。

② 建议鸡、鸭、鱼、肉等肉类要两种以上。

③ 建议点一些清脆爽口的时鲜蔬菜，做到老少皆宜。

（4）突出菜系。

点菜时应做到“胸中有数”，点大多数人喜欢的菜系口味，品种大概占总菜品的50%，另外50%的菜品可不定菜系，但要兼顾不同风格，尽量满足大部人的口味。如果是家人或熟悉的人聚餐，在没有忌口的情况下，可以点饭店的招牌菜。

（5）丰富做法。

点的菜品要统筹考虑“煎炸蒸炒煮、烧焖烤焗烩”，看着赏心悦目，吃起来色香味俱全。

4. 遵循点菜顺序

中餐上菜的顺序一般是：凉菜、热炒、大菜、汤，中间穿插面点，最后是水果。

（1）待客茶。在餐厅里等待用餐时，可先点茶水，但不是必需的。

（2）头菜以凉菜（冷拼或花拼）或烧味为佳，可点餐厅的招牌菜。

（3）热炒应视规模选用滑炒、软炒、干炸、爆、烩、烧、蒸、浇、扒等组合。注意选择本地特色或餐厅的招牌菜。

（4）大菜（指整只、整块、整条的食材做成的菜）不是必需的。

（5）汤类可选甜汤，如冰糖莲子，银耳甜汤等。

（6）面点可以是小吃（糕、饼、团、粉等），也可以是包子、饺子、米饭等主食。

（7）水果是饭后爽口消腻的好选择，也可点餐前水果。

特别提醒：点菜顺序非一成不变，因地方习惯不同而有所差异。

5. 注意点菜原则

（1）要清楚自己生活的城市的餐厅档次。

（2）提前到餐厅去订好房间，熟悉菜单、了解价位。

（3）根据客人的身份和口味等，选择不同地段、不同档次的餐厅，招待重要客人一定要提前预订餐厅，选择包房或观景好的座位。

（4）可根据具体情况选择自带酒水。

活动感悟（见表 19-2）

表 19-2　细数感动——中餐点菜活动感悟

我的付出	
我的收获	
我的感悟	
活动剪影	（照片张贴处）

活动链接

工匠精神与劳模精神、劳动精神的关系

劳模精神、劳动精神、工匠精神是以爱国主义为核心的民族精神和以改革创新为核心的时代精神的生动体现，是激励我国工人阶级和劳动群众不为任何风险所惧、不被任何干扰所惑，在中国特色社会主义道路上奋勇前进的强大精神动力。

劳动精神是每一位劳动者为创造美好生活而在劳动过程中秉持的劳动态度、劳动理念及其展现出的劳动精神风貌。劳动精神在理念认知上表现为全社会热爱劳动、尊重劳动、崇尚劳动；在行为实践上表现为劳动者辛勤劳动、诚实劳动、创造性劳动。

劳模精神和劳动精神的关系是部分和整体的关系，劳模精神和工匠精神的关系是外力和内力的关系，劳动精神和工匠精神是共性和个性的关系。

典型案例

实践出真知 锻炼促成长
阳城职中文化旅游系 2023“十一”假期实习纪实

劳模精神、劳动精神、工匠精神是以爱国主义为核心的民族精神和以改革创新为核心的时代精神的生动体现。为规范和加强职业学校学生实习工作，严格执行《职业学校学生实习管理规定》，根据教学活动安排，2023 年 9 月 25 日至 10 月 6 日，我校文旅系高二全体学生赴皇城相府、九女仙湖、环城凯斯顿酒店、晋城金和酒店进行了为期 12 天的认识实习。

高度重视，积极动员

9 月 25 日上午，学校举行了认识实习动员大会，会议由就业处赵雪英主任主持。

文旅系原钊主任解读了认识实习方案的具体内容，并对实习期间的安全和纪律做了要求。

皇城相府、九女仙湖、环城凯斯顿酒店、晋城金和酒店的负责人分别介绍了企业的基本情况、文化理念、发展前景等，对学生此次实习表达了欢迎之意。

会上实习指导教师代表张茹楠做表态发言，严格遵守学校实习指导教师的规章制度，配合企业做好学生的实习管理工作。

同时，实习生代表延佳慧承诺：一定会牢记学校领导、老师的嘱托，严格遵守实习单位的规章制度，全力以赴做好岗位实践工作。

最后，崔天裕副校长做了总结发言，向同学们提出了殷切希望，并预祝他们认识实习圆满成功。

岗前培训，悉心传授

各实习单位组织学生们认真学习实习内容，带领学生熟悉实习环境，强化导游讲解和动手

操作训练，采取“师傅带徒弟”形式，严要求、强引领，分阶段教会学生独自胜任岗位需求，提升了个人专业能力。

岗位实践，勤恳努力

在皇城相府、九女仙湖，学生们发扬吃苦耐劳的精神，以饱满的热情、认真积极的态度、严谨的专业素养投身于旅游接待服务，获得了游客们的好评。

在环城凯斯顿酒店和晋城金和酒店，学生们详细了解了酒店的组织架构和服务理念，以及餐饮的服务程序和技巧，强化了服务意识。在中餐厅、宴会厅、火锅店能看到她们自信的笑容、热情友好的态度、细致周到的服务和井然有序的工作。在忙碌之中体验了生活，增长了见识，提高了实践操作能力。

通过此次活动，同学们对皇城相府、九女仙湖、环城凯斯顿酒店、晋城金和酒店的企业理念、运营模式、管理方式和岗位技能要求有了更进一步的了解。

蓝图绘就，策马加鞭

此次文旅专业学生的认识实习只有短短的12天，但是同学们学到了许多课堂上学不到的知识，获得了全新的学习体验，收效显著，圆满成功。这一切离不开企业师傅的悉心指导、离不开学校专业教师的辛苦付出和学生的积极参与。

重任在肩，更需扬帆破浪。希望所有学生通过此次的认识实习能够学有所获，在未来的职业生涯规划中学以致用。

今后，我们将不断深化产教融合，加大校企合作，高标准加强文旅专业群建设，创新教学模式改革，拓宽人才培养渠道，提高人才培养质量，为学生高薪就业和优质升学谋一条好的出路。

最美劳动者

陈行行

陈行行，山东技师学院毕业生，虽然比较年轻，但是执着坚韧、一丝不苟的钻研精神也使他取得了很大的成就，是“全国五一劳动奖章”获得者、“全国技术能手”，“大国工匠2018年度人物”之一。

一头是硬邦邦的机器铁盘，另一头是高速旋转的机器，却要完成两者完美的结合，打出宛如精美艺术品的36个孔，这没有十年如一日反复的练习，没有必须达到目的的决心是断无可能实现的，但年轻的陈行行做到了，他完成了别人无法完成的事情。虽然他没有考进名校，但同样完成了人生的跨越。最难得的是，他踏踏实实立足一线工作，不断地调整刀具、转换方法，一次次的失败再一次次的尝试，当合格率达到50%时，国内的同行们就无法超越了，他却不愿放弃，不断挑战自我，所以产品的合格率不断提高，最让人佩服的是合格率提高到了100%。

如果你也追求这样的完美状态，并不断想办法，你也可以像他一样！

活动评价（见表 19-3）

表 19-3　反思精进——中餐点菜活动评价表

担任职务			
责任分工			
评价项目	评价主体		
	自我评价	组长评价	对方评价
劳动意识			
吃苦耐劳			
团队合作			
沟通协调			
责任担当			
改进措施			

注：活动评价表的填写可为等级评价形式。其中，A：优秀；B：良好；C：合格；D：不合格。

活动拓展

本次中餐点菜活动体验结束后，可将本次点菜的菜单设计成创意手写菜单并拍照保存，创造机会多与家人、朋友一起就餐，每次就餐时主动点菜，不断锻炼自己的点菜技巧。

项目八

劳动安全教育

活动 20

树立劳动安全意识

活动目标

（1）分析树立劳动安全意识的必要性。

（2）分析中职学生应树立哪些方面的安全意识。

活动准备

1. 培训学习

在全班开展思想教育工作，提高对安全的认识。

坚守十字路口，维护交通顺畅

（一）活动目的

1. 在志愿服务中，了解交通知识，学会与他人沟通交流，提高自身的交际能力。

2. 增强学生的正义感，值得以合理的方式提醒并制止他人的错误行为。

3. 深化职业无贵贱、尊重劳动者的意识，体会交警等一线劳动者的艰辛。

4. 维护城市交通顺畅，提升自我劳动成就感。

（二）活动准备

1. 负责人与辖区内交警分队取得联系，确认劳动时间、地点和人数。

2. 宣传。在校内进行“坚守十字路口，维护交通顺畅”宣讲，讲解此次行动的流程安排，宣传此次活动的意义，鼓励大家积极参与。

3. 根据报名学生合理进行分组，选出小组长，由其统一管理。

4. 提前一天邀请交警对志愿者进行培训，包括服装穿着、器材使用、职责等，并宣读安全事项。

（三）活动流程

1．早上统一集合，由小组长提前带至指定地点，与值班交警进行交接管理。

2．按要求在各自指定地点进行交通辅助管理，对欲闯红灯的行人、非机动车驾驶员，未按要求等待的非机动车（如阻挡路口）驾驶员进行及时劝阻及批评教育，保证措施合理恰当。

2．事前联络

联系学校相关部门，获得学校的同意，商定活动时间，落实活动所需的材料、场所。

3．分组分工

根据分组分工表（见表 20-1）安排人员和任务。

表 20-1　维护交通活动分组分工表

<table>
<tr><th colspan="2">组织设置</th><th>工作内容</th><th>岗位设置</th><th>岗位职责</th></tr>
<tr><td colspan="2" rowspan="2">领导小组</td><td rowspan="2">由班长、团支书、安全委员等干部组成，推选出组长和副组长各一名。领导小组的作用是全面统筹维护交通活动</td><td>组长：</td><td>负责活动中的监督检查、卫生质量把控等</td></tr>
<tr><td>副组长：</td><td>协助组长管理，落实安全责任，监督工作小组执行工作内容</td></tr>
<tr><td rowspan="8">工作小组</td><td rowspan="2">策划协调组</td><td rowspan="2">负责与学校劳动活动安排主管部门进行工作报备及资格审批，负责活动项目的确定、联络、情况了解等工作，落实活动方案，负责其他各工作小组的人员分配、小组间人员的调配与协商</td><td>小组长：</td><td rowspan="8">小组长：负责落实本组工作内容的执行、组员管理、组内分工、组间协调合作

组员：服从组长管理，自觉遵守活动纪律，积极参与、团结协作</td></tr>
<tr><td>组员：</td></tr>
<tr><td rowspan="2">后勤物资组</td><td rowspan="2">负责到学校后勤处领取活动所需要的物资并分发；安排人员做好前期准备工作</td><td>小组长：</td></tr>
<tr><td>组员：</td></tr>
<tr><td rowspan="2">安全保障组</td><td rowspan="2">拟定《安全承诺书》，组织全班培训，做到安全事项人人知晓。负责活动过程中的安全隐患排查及监督</td><td>小组长：</td></tr>
<tr><td>组员：</td></tr>
<tr><td rowspan="2">宣传编辑组</td><td rowspan="2">负责活动宣传方案的拟定，负责活动中的摄影、摄像及宣传资料收集，负责活动后期的对外宣传工作等</td><td>小组长：</td></tr>
<tr><td>组员：</td></tr>
</table>

4．安全事项

（1）组织学习学校劳动教育及安全管理部门的规定。

（2）提前向学校管理部门报备《维护交通活动方案》《维护交通活动分组分工表》《维护

交通活动安全预案申报表》(见表 20-2)，进一步明确组织安排、人员分工、活动流程和安全责任。拟定《安全承诺书》，每位同学签字后留存备查。

(3)进行任务交代和安全培训，班委干部或团支部干部做好会议记录，留存备查。

表 20-2　维护交通活动安全预案申报表

申报班级		部门负责人（签字）	
活动内容		活动地点	
活动时间		参与学生	
带队教师			
维护交通活动安全预案			
分管部门意见			
分管副校长意见			
校长意见			

5. 物资准备

(1)摄影、摄像器材。

(2)活动必需的个人防护物资（口罩、云南白药、消毒酒精、创可贴）。

(3)小奖品（同学们自己制作的手工创意小作品）。

活动步骤

一、基础知识学习

(一)安全意识在生活和生产中的作用

安全生产，耳熟能详的一句话就是“安全第一，预防为主”。预防安全事故的发生是安全生产工作中最重要的一环，是保障安全生产的前提，而这个前提的前提是树立安全意识。

古语云："君子不立于危墙之下。"这句话讲的是做人的道理——君子要远离危险的地方。这包括两方面：一是防患于未然，预先觉察潜在的危险并采取防范措施；二是一旦发现自己处于危险境地，要及时离开。在现实生活中，这一防微杜渐的观念是十分必要的。涉世未深的中职学生如果连基本的安全知识都不懂，不具备自我保护能力，将很难面对成长道路上的重重困难和考验。大多数学生往往在事故发生之前毫无"危墙之下"的意识，抱有侥幸心理；而在遇到紧急情况或突发事故时又普遍不知所措。因此，树立安全防范意识是十分重要的，不仅可使学生在未来的人生路途上获益良多，而且能减少缺乏安全知识的教育造成的损失甚至悲剧。

在日常生活和生产中，具有强烈的安全意识是非常重要的。安全意识的增强有利于人们自觉执行相关的安全规章制度，减少违章违纪行为；有利于人们不断提高对危险的认知能力，主动排查身边存在的各类事故隐患；有利于消除习惯性违章作业，提高职工反"三违"（违章指挥、违章操作、违反劳动纪律）的主动性和积极性，防范事故的发生。生命对于每个人来说都只有一次，树立安全意识既是对自己负责，也是对家人负责。

（二）劳动安全意识的培养

当前，我国治安环境总体稳定，党带领人民群众正在努力推进社会主义现代化建设事业，社会生产力不断向前发展，人民生活水平逐渐提高。同时，中等职业教育事业也随之得到快速发展，校园安全问题受到高度重视。中职学生要主动树立安全意识，正确判断周围的环境，保证自己的安全，确保顺利完成学业。

1. 中职学生应树立的安全意识

社会发展到今天，校园对社会的开放程度越来越高。中职学生面临的各种不安全因素在逐年增多，中职学生受到的非法侵害案件和与中职学生有关的安全事故的数量也在逐年上升。如果中职学生因为安全问题而出现意外，不仅其个人的学业、财物、身心健康会受到影响，而且会给家庭带来不安和痛苦。因此，中职学生要认真学习安全知识，知晓应树立哪些方面的安全意识，增强自我保护能力。这样才能做到居安思危、有备无患。

（1）遵纪守法和文明修身的意识。

中职学生要树立安全意识、安全观念，首先要加强自身修养和增强法律意识，要学法、懂法、用法；其次要强化文明修身的意识，提高自己的道德素质，避免受到不安全因素的威胁。

（2）认知安全形势的意识。

安全隐患早知道，就是要对社会安全形势有一个全面的认知。虽然当前社会安全形势基本稳定，校园安全状况好于社会整体水平，但随着经济的发展和社会的不断转型，中职学生所处的安全环境也发生变化，中职学生面临的安全形势应引起社会重视，中职学生自身更应对安全形势有正确的认知。

（3）自我防范的意识。

中职学生要树立自我防范意识，对安全隐患要有心理准备，做好自我保护，尽量避免不安全因素对自身的伤害。

（4）面对突发事件的应变意识。

有些不安全事故的发生是没有预兆的，这就要求中职学生有面对突发事件的应变意识。这方面意识的培养，有利于中职学生在面对突发事件的时候在最短的时间内做出判断，第一时间采取措施帮助自己和别人脱离危险，而不是因害怕、应变能力不够而丧失逃生和减少损失的机会。中职学生要有这方面的意识，就要在平时注重加强相关知识储备及应变能力的培养。

（5）维护国家安全的意识。

公民有维护国家安全的责任和义务，中职学生作为国家未来的建设者和可靠的接班人更要有这种意识，要保持高度警惕，对国家秘密严格保守，维护好国家安全，不透露任何涉及国家安全的信息，在面对危害国家安全的行为时要勇于斗争、用智慧斗争。

（6）培养自我调节能力的意识。

挫折是中职学生成长过程中不可避免的问题，中职学生要具备积极应对挫折的心理意识。首先，要树立正确的世界观、人生观和价值观，培养责任意识，学会冷静分析问题，克服困难；其次，要培养健康的心理品质和心理承受能力，自我调节心态，克服心理障碍，避免情绪极端化。

知识链接

在实际生活中，你认为怎样才能有效培养安全意识？查询相关资料，对培养中职学生安全意识提出建议。

2. 中职学生如何判断安全环境

当前，经济全球化和网络的普及给有害信息的传播提供了便利。前所未有的复杂局势使中职学生对现实的评判、对社会与个人前途的期望发生了巨大的变化。父母的溺爱及对家庭和他人的过分依赖使当今中职学生的独立生活能力普遍较差。中职学生在日常生活中的一些矛盾面前显得无所适从，在思考成才与人生的过程中往往经历着种种内心自我评价与认知的矛盾和迷惘。这就需要中职学生对客观环境和主观环境进行及时的分析并做出合理的判断，以减少不安全因素的侵扰。

（1）中职学生面临的安全问题。

中职学生面临的安全问题主要有人身安全、财产安全、交通安全、生理安全、消防安全、心理安全、网络信息安全、国家安全、学习和社会实践活动安全、违法犯罪及公共突发事件等不安全因素。

> **知识链接**
> 请你对所在地区的治安管理情况进行调查。

（2）对社会治安形势的认识。

当前，社会治安总体形势稳定，但还是存在一些不安全因素：经济犯罪和带有“黑社会”性质的犯罪时有发生，智能犯罪、技术犯罪、与网络相关的各种形式的违法犯罪活动有所增加，毒品交易、卖淫嫖娼、非法传销等犯罪活动较为突出。同时，地质、气象等自然灾害，流行性传染病、食品安全问题、火灾、公共安全问题等也给社会安全造成很大影响。

（3）对学校校园安全状况的认识。

校园的不安全状况主要表现在以下几个方面：一是针对中职学生的盗窃、诈骗等刑事犯罪活动有所增加，二是中职学生伤人的恶性事件时有发生，三是校园不稳定事件时有发生，四是网络犯罪率上升较快，五是侵害中职学生的事件不断出现，六是心理疾病造成在校中职生轻生和出走的人数增多。

二、细数感动、反思精进——维护交通活动主题班会

（1）同学们分组制作维护交通活动的总结汇报材料（可选用 PPT 或其他直观的形式），其中包括本组活动概况、活动现场难忘瞬间、活动收获、活动感悟、活动反思五项内容。围绕本次活动，在教室里开展主题班会活动。

（2）评价反思。分组展开讨论，组长代表本组进行自评，指出优点及不足，提出改进措施。

（3）班主任对本次维护交通活动进行总体评价。

活动感悟（见表 20-3）

表 20-3　维护交通活动感悟

我的付出	
我的收获	

续表

我的感悟	
活动剪影	（照片张贴处）

活动链接

中职学生应树立哪些安全意识

（1）遵纪守法和文明修身的意识；（2）认知安全形势的意识；（3）自我防范的意识；（4）面对突发事件的应变意识；（5）维护国家安全的意识；（6）培养自我调节能力的意识。挫折是中职学生成长过程中不可避免的问题，中职学生要具备积极应对挫折的心理意识。

典型案例

“防范灾害风险，护航高质量发展”
阳城职中“5·12”防灾减灾应急疏散演练

全国防灾减灾日

为进一步加强学校预防地震灾害安全工作，切实提高全体师生防灾减灾，防震避震，逃生自救的能力，做到在发生地震时，能临危不乱，严格按照室内避震和避震疏散的逃生路线安全疏散，确保教育教学工作正常有序开展。2023 年 5 月 11 日上午，我校进行了“5·12”防灾减灾应急疏散演练，分室内避震和避震疏散两个科目展开。

9 时 40 分，总指挥下达演练开始命令，第一次拉响警报，学生在室内避震，第二次拉响警报，班主任、各楼层指挥人员沉着冷静地指挥学生用书本护住头部，尽量将身体放低，安全、有序、快速地撤离教学楼，疏散到指定位置，如图 20-1 和图 20-2 所示。

图 20-1　应急演练 1

图 20-2　应急演练 2

警报第一次拉响后，上课教师组织全体学生要迅速钻到自己的桌子下面，一只手扶稳桌子，一只手拿书护住头部，防止桌角、凳角碰伤。

警报再次拉响后，全体学生迅速按照指定路线撤离到指定的地点集合，要求全体学生用书本护住头部，有秩序地撤离，不得拥挤。

整个演习用时 3 分 43 秒，取得圆满成功（见图 20-3）。

图 20-3　指定地点集合

最后，崔天裕副校长对本次防灾减灾演练进行总结。他肯定了全体师生在这次演练中的表现，指出了演练过程中存在的问题，并讲解了防灾减灾重点是室内避震和避震疏散的方法和技巧。

为确保本次演练顺利进行，政教处制定详细的应急疏散演练方案，召开应急疏散演练预备会，对演练方案、注意事项进行详细讲解，明确责任分工和具体实施步骤。

此次演练活动的顺利完成，强化了全校师生的防灾减灾安全意识，检验了师生应对突发事件的组织协调能力，切实加强了学校的安全教育工作，为创建“平安校园”夯实基础。

最美劳动者

黄文秀

“第一书记”黄文秀在从百色返回乐业的途中遭遇洪水，不幸献出了宝贵的生命，将 30 岁的青春永远定格在了扶贫路上。对于人生而言，30 岁正是摆脱稚气、心怀壮志、舒展才华的黄金时节，而黄文秀义无反顾放弃城市的繁华，选择将青春安放在扶贫一线，带着为家乡群众谋幸福的初心，为村庄发展和百姓致富挥洒汗水、释放激情，扶贫路上的一言一行、点点滴滴都镌刻出初心的印记。

人生往往于无声处听惊雷，我们惋惜黄文秀的不幸离去，更感慨有一种力量温暖了我们跋涉的脚步，这种力量不会因为岁月年轮的渐次厚重而消弭无声，而终究会历久弥新，这就是初心的力量。永不凋零的初心犹如点亮迷茫的方向灯，当青春与初心相遇，在历经坎坷艰辛、风雨洗礼后，我们依旧拥抱初心的起点与栖所，造就出更加成熟和坚定的自我，不负年华韶光、似水流年。对于年轻干部而言，从黄文秀事迹中应学会聆听初心的召唤、感悟初心的力量，在基层的摔打中寻找一份属于自己的坚守，在为群众的无私付出中定格最绚烂的年华。

青春可以放飞梦想的翅膀，但一定要脚踩坚实的大地。年轻干部要向黄文秀那样，一路风雨艰辛，毅然选择向着自己牵挂的群众前进，时刻把为民初心印刻在脑海里，铭记在内心里，落实到行动中，让每一颗炽热的初心在时代洪流中寻找到正确安放的位置。

活动评价（见表 20-4）

表 20-4　反思精进——维护交通活动活动评价表

担任职务	
责任分工	

续表

评价项目	评价主体		
	自我评价	组长评价	对方评价
劳动意识			
吃苦耐劳			
团队合作			
沟通协调			
责任担当			
改进措施			

注：活动评价表的填写可为等级评价形式。其中，A：优秀；B：良好；C：合格；D：不合格。

活动拓展

同学们设计关于安全的标语，并进行展示。

活动21 加强劳动安全教育

活动目标

（1）掌握劳动安全的防范措施。

活动准备

1. 培训学习

在全班开展劳动安全思想教育工作，提高对安全的认识，开展急救培训，指导学生掌握急救的基本技能。

模拟急救活动

1. 活动开幕

主持人向现场观众介绍本次活动的目的、流程和意义，并简要说明本次活动所演练的模拟急救场景。

2. 模拟急救场景讲解

由一名专业医护人员向现场参与者讲解本次急救模拟场景及对应的急救措施。

3. 模拟急救场景演练

现场演示模拟急救场景，分组进行演习，每组人数为5至10人。本次急救演习针对的是心肺复苏和出血的急救措施。

4. 模拟急救场景互评与总结

在每组演练结束后，由其他参与者进行互评，发现问题和不足，并对演习结果进行总结，评选出最佳名额。

5. 急救知识问答

通过问题和答案的形式，对本次急救演练中的知识进行巩固和扩展，

相互检查知识的掌握程度，同时提醒参加者应该注意的问题。针对本次演练的问答内容，也可根据参与者的实际情况增减。

2. 事前联络

联系学校相关部门，获得学校的同意，商定活动时间，落实活动所需的材料、场所。

3. 分组分工

根据分组分工表（见表 21-1）安排人员和任务。

表 21-1　模拟急救活动分组分工表

<table>
<tr><th colspan="2">组织设置</th><th>工作内容</th><th>岗位设置</th><th>岗位职责</th></tr>
<tr><td colspan="2" rowspan="2">领导小组</td><td rowspan="2">由班长、团支书、安全委员等干部组成，推选出组长和副组长各一名。领导小组的作用是全面统筹模拟急救活动</td><td>组长：</td><td>负责活动中的监督检查、卫生质量把控等</td></tr>
<tr><td>副组长：</td><td>协助组长管理，落实安全责任，监督工作小组执行工作内容</td></tr>
<tr><td rowspan="8">工作小组</td><td rowspan="2">策划协调组</td><td rowspan="2">负责与学校劳动活动安排主管部门进行工作报备及资格审批，负责活动项目的确定、联络、情况了解等工作，落实活动方案，负责其他各工作小组的人员分配、小组间人员的调配与协商</td><td>小组长：</td><td rowspan="8">小组长：负责落实本组工作内容的执行、组员管理、组内分工、组间协调合作

组员：服从组长管理，自觉遵守活动纪律，积极参与、团结协作</td></tr>
<tr><td>组员：</td></tr>
<tr><td rowspan="2">后勤物资组</td><td rowspan="2">负责到学校后勤处领取活动所需要的物资并分发；安排人员做好前期准备工作；场地布置；活动结束后的清理工作等</td><td>小组长：</td></tr>
<tr><td>组员：</td></tr>
<tr><td rowspan="2">安全保障组</td><td rowspan="2">拟定《安全承诺书》，组织全班培训，做到安全事项人人知晓。负责活动过程中的安全隐患排查及监督</td><td>小组长：</td></tr>
<tr><td>组员：</td></tr>
<tr><td rowspan="2">宣传编辑组</td><td rowspan="2">负责活动宣传方案的拟定，负责活动中的摄影、摄像及宣传资料收集，负责活动后期的对外宣传工作等</td><td>小组长：</td></tr>
<tr><td>组员：</td></tr>
</table>

4. 安全事项

（1）组织学习学校劳动教育及安全管理部门的规定。

（2）提前向学校管理部门报备《模拟急救活动方案》《模拟急救活动分组分工表》《模拟急救活动安全预案申报表》（见表 21-2），进一步明确组织安排、人员分工、活动流程和安全责任。拟定《安全承诺书》，每位同学签字后留存备查。

（3）进行任务交代和安全培训，班委干部或团支部干部做好会议记录，留存备查。

表 21-2 模拟急救活动安全预案申报表

申报班级		部门负责人（签字）	
活动内容		活动地点	
活动时间		参与学生	
带队教师			
模拟急救活动安全预案			
分管部门意见			
分管副校长意见			
校长意见			

5. 物资准备

（1）摄影、摄像器材。

（2）活动必需的个人防护物资（口罩、云南白药、消毒酒精、创可贴）。

（3）小奖品（同学们自己制作的手工创意小作品）。

6. 场地准备

活动场地安排在实训室。由同学们将桌面上的书本清理干净，最后检查教室里的多媒体设备能否正常使用。

活动步骤

一、基础知识学习

（一）日常生活安全

1. 校园火灾，防患于未“燃”

在人类文明和科学技术已高度发展的今天，面对火灾人们依然常常力不从心，难以控制灾情。据统计，每年我国校园宿舍发生的小型火灾就有数千起。校园火灾已经是当前一个比较严重的校园问题。

近年来，随着学生数量的增加，实验室规模扩大，实验教学数量增加、仪器设备增多，学校火灾事故也在不断攀升。因此，校园作为人员较密集的场所，是防火的重点单位，在校学生应该切实做好校园防火工作。

① 实验室火灾预防。在实验室、教研室实习或工作时，要严格遵守各项安全管理规定、安全操作规程和有关制度。在使用仪器设备前，应认真检查电源、管线、火源、辅助仪器设备等的情况，如设备放置是否妥当、对操作过程是否清楚等，做好准备工作后再进行操作。使用完毕后应认真进行清理，关闭电源、火源、气源、水源等，清除杂物和垃圾。使用易燃易爆危险品时，要注意防火。

② 公共场所火灾预防。在体育馆、报告厅、食堂等公共场所，要遵守消防安全制度和有关规定，做到不携带易燃易爆品，如汽油、酒精等；禁烟区不吸烟，不随地丢弃烟头、火柴；不使用明火照明；不随便按压公共场所的电气设备开关；不玩弄电线，以免触电或引起短路；保持安全通道畅通。另外，严禁到学校的草坪上吸烟、玩火，一旦发现火情要及时扑救并向学校消防科报告。

③ 宿舍火灾预防。宿舍防火最基本的原则就是自觉遵守宿舍安全管理规定，具体来说有以下几点：

不私拉乱接电线。学生在学生宿舍内不乱接电线，因为电线插头过多容易产生多重连接，导致接触不良，产生电火花，若遇易燃品就会引起火灾。

不使用不安全电源线。学生在学生宿舍内严禁使用有破损插头、插座的接线板；不使用老化、接头处无绝缘胶布包扎的电线，不使用无插头的接线板；不购买和使用质量低劣的电气产品，要选用有国家认证标志的合格电气产品。

不违章使用大功率电器。在宿舍不乱用电炉、热得快、电热杯、电炒锅、电饭锅等功率过大的电器。

不在宿舍使用明火。宿舍作为学生日常主要的生活场所，易燃物（如衣服、被褥、书本等）较多且集中。不少宿舍中衣物、书籍杂放，如果使用明火，极易引燃易燃物，火势蔓延造成严重后果。因此，学生不要在熄灯后使用蜡烛、打火机照明，以免引起火灾。

2. 注意体育安全，莫让运动伤身

体育活动能够帮助学生增强体质，锻炼身体。但是，在体育活动中也存在着许多威胁生命安全的“陷阱”，学生因参加体育活动而发生意外伤害事故的现象屡见不鲜，因此在参加体育活动时应树立安全意识，注意“陷阱”的存在，防范事故的发生。

（1）运动事故发生的原因。

① 体育场地设施不安全。一些学校运动场地器材设备陈旧、年久失修是造成运动伤害事

故的重要原因。如部分室外体育器材（如单杠、双杠、爬杆、爬绳等）受日晒雨淋，时间长就会生锈、腐烂，学校没有及时保养和修理更换，器材设备在学生活动时发生断裂，致使学生摔伤。

② 安全意识淡薄。安全意识淡薄包括两个方面。一是部分体育教师的体育安全意识淡薄。在教学中，部分体育教师对安全注意事项讲解不多，要求不严，从而导致运动创伤的发生。二是部分学生体育安全意识淡薄。上课前无心听教师讲解安全措施，只注意练习的本身，练习时带有侥幸心理，而未想到不合要求的跑、跳、投或一个随意的推、拉动作，以及练习高难度动作时的畏难情绪、练习熟练动作时的麻痹大意等都可能导致人身伤害。

③ 技术动作不合理。技术动作不合理主要是指体育运动中的错误动作和危险动作。根据调查，学生在体育运动中的技术动作不合理是导致伤害事故的主要原因。不少学生由于没有掌握必要的运动技术要领或运动技术不熟练，在做动作时灵活性较差，动作不协调，从而造成运动损伤。

④ 受伤后治疗不及时。一些学生对体育运动的基本常识认识不足，缺乏相应的运动生理和运动医学知识，没有掌握基本的自救方法，一旦出现运动损伤，不能及时采取科学的处理方法，结果导致错过治疗时机或者病情加重。

（2）运动事故预防措施。

① 树立安全防范意识。体育运动本来是锻炼身体、强健体魄、陶冶情操的一项活动，但如果由此带来人身伤害就与其宗旨背道而驰。因此，中职学生应树立“健康第一，安全至上”的思想和防患于未然的安全意识。在运动中既要勇敢顽强又要细心谨慎，不能有麻痹大意的思想。运动前做好充分准备，运动后注意做整理活动和放松。运动中要小心谨慎，不但要具有自我保护的意识，更应该防范可能给别人带来的危害。

② 注意体育运动安全事项。上体育课时要听从老师的统一指挥，了解运动器械的性能、用途，按规定选择适合自己身体状况的体育项目，尤其是练习投掷类运动项目时，严禁对掷，要等同组同学都投掷完再统一捡回器材，队伍中的其他人不可乱跑、抢掷，以免误伤。观看体育比赛时，要遵守运动场规定，保持必要的距离，不能在赛场中穿行、玩耍，要在指定地点观看比赛，以免被投掷的铅球、标枪等击伤，也要避免与参加比赛的他人相撞。

③ 加强技术动作的练习。在完成某个技术动作时，如果没有把握技术要领，局部肌肉力量不足，肌纤维比较薄弱，肌肉群缺乏训练，无形中损伤概率就会增大。因此，为了减少运动损伤的发生，当务之急是要进行身体素质锻炼和技术动作的学习，从技术动作和身体素质角度加强自我保护，降低运动损伤的发生。

④ 提高保护和自我保护能力。保护是预防伤害事故发生的有效手段。保护分为他人保护和自我保护。他人保护一般是由教师或训练水平较高的学生来承担。保护者一定要集中注意力，密切观察练习者的动作，甚至要预感可能出现的动作，一旦动作节律被破坏或失手，就要及时采取正确的方法给予保护和帮助，从而使练习者避免受到损伤。在教学和训练过程中，

学生一定要掌握自我保护的方法。例如，在排球比赛中，鱼跃接对方过来的球，摔倒后应立即屈膝下蹲，减少冲击力，提高落地的稳定性。

⑤ 及时有效处理运动安全事故。发生安全事故后，要保持镇静，在场的学生要迅速报告给老师或学校有关部门，同时采取有效的救助措施，把伤害减小到最低限度，有必要时应尽快将伤者送医院治疗。

⑥ 认真检查运动场地和器材。体育教学和训练离不开一定规模的场地与器材设施，这些场地和器材关系到学生的人身安全。因此，教师在上课之前一定要对场地、器材设施进行认真的检查，如场地是否平坦，有无障碍；器材安装是否牢固，安放位置是否得当；等等。发现不安全因素，要及时采取措施，以防伤害事故的发生。

3. 饮食安全，不容小觑

食品安全对于人类健康的重要性不容小觑。尽管当今社会科学技术已经发展到了相当高水平，但在食品安全领域，不管是发达国家还是发展中国家，食品安全问题一直是当今世界最关注的卫生问题之一。关爱生命，从“口”开始，中职学生必须时常关心食品卫生安全，保证自己的身心健康。

（1）饮食卫生。

一般来说，正常的食物不含有毒性，也不会对人体造成伤害，但是随着时间的变化，在生产、销售、烹饪过程中，一些有害有毒物质会进入食物，食用后就可能发生中毒事件。学生的饮食卫生问题是必须重点关注的问题之一，校园里一旦爆发饮食卫生问题就会是全面的、重大的，会造成不可估量的损失。因此，必须关注学生的饮食卫生，采取必要的措施加强食品卫生安全，预防食物中毒的发生。

（2）校园饮食安全。

饮食安全卫生问题一直是中职学校高度重视的问题，与每个中职学生的健康成长息息相关。

① 造成饮食安全事故的原因。校园里发生饮食安全事故的原因是多方面的，主要包括以下几点：

学校管理和社会监督不力。社会对学校食物卫生监督手段不够完善，虽然多数学校对食品卫生重视程度有所提高，但一些学校食堂卫生条件较差，学校领导缺乏实际行动，从业人员食品卫生安全意识不强。

环境有害物质。生产、加工和销售食品地区的生物性与化学性污染会明显增加食源性疾病的威胁。

社会和行为因素。不法商人恶意制造质量低劣的食品欺骗消费者，部分消费者因经济状况较差而消费不起符合标准质量的食品，这都是引起疾病的主要因素。

食源性疾病。大多数食源性疾病由细菌、病毒、寄生虫和真菌引起。这些都为食物中毒埋下了极大的隐患，不利于学生的身体健康。

中职学生不合理或不健康的饮食习惯也严重影响身体健康。例如，有些学生对食品的清洁程度要求过度严格；有些学生只喜欢牛排、炸鸡等热量高的食物；有些学生每日以零食为主且不按正常时间进食；有些学生为减肥经常服用减肥药、减肥茶，还用水、果品、蔬菜充饥。

② 校园饮食卫生常识。健康的身体是保证中职学生正常生活和学习的前提。确保饮食卫生，预防食物中毒，除了有关部门加强管理食堂等从事餐饮业的单位严格遵守食品卫生防疫制度，中职学生应掌握日常饮食卫生常识。

把好“进口关”。俗话说“病从口入”，所以不要抱有“不干不净，吃了没病”的侥幸心理。生吃的蔬菜、瓜果之类的食物要去皮或洗净表皮上的残留农药；不吃未彻底煮熟的食物，不吃发霉变质的、过期的或受污染的食品；不去不卫生的饭店或摊点饮食，不喝不符合卫生标准的饮用水，不吃有毒或可能含毒的食物。

学会鉴别食品。中职学生应该掌握鉴别食品的知识，这样才可以保证自身不受劣质食品的危害。

选择新鲜食品。食用鱼、虾、肉、蛋、奶等食品必须保证选料新鲜、干净，不要吃隔夜变质的饭菜。此类食品应高温加热后食用，不要生吃。

合理存放食品。存放食品的容器要清洁无毒，食品特别是熟食要存放在清洁、干燥、通风条件好的地方，并要防止老鼠、蚊蝇、蟑螂等污染食品，避免化学药品与食物混放在一起。

知识链接

食品包装上常见的质量标志有哪些？请你上网查询，指出不同标志分别代表的不同含义。

做到有规律进食，不暴饮暴食。聚会时切勿过量饮酒，尽可能根据气候特点和个人身体状况合理安排饮食，特别要注意患病期间的饮食卫生；吃火锅时最好不要饮酒，因为肉类、海鲜、蔬菜等与火锅料同锅混煮的汤汁中含有较高的嘌呤类物质，它们在体内经消化分解代谢后会生成尿酸，这时喝酒会促使大量的尿酸排滞受阻，滞留于体内，引发炎症，导致痛风，严重时还会引起肾结石和尿毒症。

注意个人卫生。养成饭前便后洗手的良好习惯，尽量不要用手直接接触食物；餐具要消毒，不和别人共用餐具。

预防食物中毒。中职学生应力求做到不吃有毒及变质的食品，减少食物中毒及其他肠胃疾病的发生。发现自己或别人食物中毒后，要及时联系医院，确保在第一时间获得救治。如果发觉中毒者有休克症状，应立即帮他催吐并立即将其送往医院抢救，不要自行给中毒者服用药物。

（3）食物中毒的救助。

在日常生活中，经常有学生因种种原因吃了不该吃、不能吃的食物导致食物中毒，但是很多食物中毒患者不能及时采取有效措施预先处理，往往在送到医院时，症状已经非常严重，甚至已经休克。因此，发生食物中毒后要及时进行救治，防止发生更严重的后果，食物中毒可采用以下简单救治方法。

① 立即停止食用可疑食物。食物中毒后，中毒者的第一反应往往是腹部不适。

中毒者首先会感觉到腹胀，一些患者还会腹痛，个别的患者还会发生急性腹泻。与腹部不适伴发的还有恶心，随后发生呕吐的情况。一旦出现这些食物中毒的症状，首先应立即停止食用可疑食物，同时立即拨打急救中心电话120呼救。

② 发现中毒及时催吐。对中毒不久而无明显呕吐者，可先用手指、筷子等刺激其舌根部的方法催吐，或让中毒者大量饮用温开水并反复自行催吐，以减少毒素的吸收。经大量温开水催吐后，呕吐物为较澄清的液体时，可适量饮用牛奶以保护胃黏膜。若在呕吐物中发现血性液体，则提示可能出现了消化道或咽部出血，应暂时停止催吐。

③ 服用时间较长及时导泻。如果服用有毒食物时间较长，已有2～3小时，而且精神较好，则可服用适量泻药，促使中毒食物尽快排出体外。

④ 采用科学方法及时解毒。如果是吃了变质的鱼、虾、蟹等引起的食物中毒，可取食醋100毫升加水200毫升，稀释后一次性服下。此外，还可采用紫苏30克、生甘草10克一次性煎服。若误食了变质的饮料或防腐剂，最好的急救方法是用鲜牛奶或其他含蛋白质的饮料灌服。

⑤ 及时就诊。经上述措施急救症状仍未见好转者，或中毒较重者，应尽快送医院治疗。在治疗过程中，要给患者以良好的护理，尽量使其安静，避免精神紧张，注意休息，防止受凉，同时补充足量的淡盐开水。另外，在诊治过程中，确定中毒物质至关重要。因此，在发生食物中毒后，要保存导致中毒的食物样本，以供相关机构进行检测。如果身边没有食物样本，也可保留患者的呕吐物和排泄物，以便医生的确诊和救治。

（二）实习实训安全

1. 岗位操作安全事故的预防

（1）岗位操作安全教育。

安全重于泰山，安全是一切工作的第一前提。在顶岗实习中，无论学生从事的是什么工作，都会面临一定的安全问题，只是不同的岗位和工作性质面临的安全环境有所区别。学生对企业的生产经营活动不了解，没有从事相关工作的经验，比企业正式员工更容易出现安全问题。因此，学校和企业都应该重视安全问题。

在顶岗实习前，学校要根据学生将要参与的顶岗实习企业及岗位做好安全教育工作，安排专题安全教育。学校应积极创新安全教育学习方式，在集中培训、专题讲座等常规模式的基础上，充分利用新媒体（如微博、微信、QQ、手机新闻报、电子杂志等形式），或者组织一些安全法治宣传晚会等文娱活动，通过一些人们喜闻乐见而教育意义深刻的相声、小品等进行安全法治宣传，组织一些正反面典型的宣讲活动进行示范、警示教育。

学校应建立安全教育考核制度，对参加顶岗实习的学生进行培训考核，参加安全教育考核不及格的实习学生不得参加顶岗实习，直到安全教育考核成绩达标。安全教育考核制度是对学生、学校、企业三方负责。通过强化学生的安全意识，提高学生的劳动纪律观念，能够降低安全隐患。

在顶岗实习前，实习单位要对实习学生进行安全生产培训。针对学生的顶岗实习实际，重点学习与安全实习的相关制度，如安全用电制度、安全生产制度、产品的安全包装制度等，要求学生提高劳动纪律观念，操作过程中要步调一致，不得随便拆卸机械零件或单击不熟悉的按键；要遵守安全操作规程，防止发生刀伤、碰伤、撞伤、砸伤、烫伤、踩空跌倒及身体被卷入转动设备等人身事故和设备事故；要服从实习指导教师的工作安排，对重大问题应事先向实习指导教师反映，共同协商解决，学生不得擅自处理。学校和实习单位要保证顶岗实习学生具备必要的安全生产知识，掌握本岗位的安全操作技能。未经安全生产教育和培训的实习学生不得上岗作业。

在顶岗实习中不可避免地会发生安全事故，但只要采取有效的预防措施，就能够做到将事故发生率控制到最低，将各方的损失降到最低，保证顶岗实习顺利进行。在顶岗实习中，工作环节是最容易发生安全问题的。因此，安全教育不仅仅是实习前的动员教育，更应该贯穿在顶岗实习的进行阶段和结束阶段，在任何时候都不能松懈。在顶岗实习进行阶段，指导教师要引导学生学会做安全分析，发现问题及时纠正，帮助学生养成每天进行安全小结、定期向指导教师汇报的习惯。指导教师要将安全教育贯穿于顶岗实习的整个过程中，促进学生形成良好的职业习惯，培养学生良好的职业道德。

安全事故具有突发性和偶然性。学校必须与实习单位、保险公司建立应急预案，设定专门的应急负责人，保持相互间的密切联系，保证信息沟通的顺畅。在遇到突发状况的时候，应急负责人能够在第一时间获取信息，赶赴现场进行处理。

通过上述方式对学生进行生产安全、厂规厂纪教育，可以强化顶岗实习学生的安全意识，提高其自我保护意识和自我保护能力。此外，学校还应安排学生学习生产安全方面的法律法规，强化其法律意识。通过岗位操作安全教育，让学生学会应对简单的安全问题。同时，针对顶岗实习岗位，让学生了解相应岗位可能存在的安全问题，以及如何规避风险，保障安全。

（2）生产岗位安全操作规程。

在顶岗实习工作岗位上，实习学生应严格遵守以下生产岗位安全操作规程。

① 明确生产实习任务，遵守安全操作规程，严格遵守劳动纪律。严格执行交接班制度、巡回检查制度，禁止脱岗，禁止进行与生产无关的一切活动。

② 实习学生应在短时间内与自己的实习指导教师建立起较好的师生关系，在工作中要积

极主动，遵守纪律，服从实习指导教师的工作安排，对重大问题应事先向实习指导教师反映，共同协商解决，不得擅自处理。要认真执行岗位安全操作规程，防止发生碰伤、砸伤、烫伤、跌倒及身体被卷入转动设备等人身事故和设备事故。

③ 开机前，必须全面检查设备有无异常情况，对转动设备应确认无卡死现象、安全保护设施完好、无缺相漏电等，并确认无人在设备内作业，方能启动运转。启动后若发现异常情况，应立即停机检查原因并及时反映。

④ 严格遵守特种设备管理制度，禁止无证操作。正确使用特种设备，开机时必须注意检查，发现不安全因素应立即停止使用并挂上故障牌。

⑤ 按章作业，搞好岗位安全文明生产，发现隐患应及时处理及上报。及时清理杂物、油污及物料，切实做到消防通道畅通无阻。

2. 岗位操作安全事故的处理

（1）机械安全。

① 机械伤害的种类。

机械设备零部件旋转时造成的伤害。例如，机械设备中的齿轮、皮带轮、滑轮、轴等零部件。这种伤害的主要形式是绞伤和物体打击伤。

机械设备的零部件做直线运动时造成的伤害。例如，锻锤、冲床的施压部件，牛头刨床的床头，龙门刨床的床面及桥式吊车的升降机构等。这种伤害事故主要有压伤、砸伤和挤伤。

刀具造成的伤害。如车床上的车刀、钻床上的钻头、锯床上的锯条等。这种伤害主要是烫伤、刺伤和割伤。

被加工的零件造成的伤害。这类伤害事故主要有被固定不牢的加工零件甩出而造成的打伤和被加工的零件在吊运与卸装过程中可能造成的砸伤。

其他伤害。有的机械设备在使用时伴随着发出强光、高温，还有的放出化学能、辐射能等，这些对人体都可能造成伤害。

② 导致机械事故的主要原因。

擅自拆除安全装置。在实际操作中，有的人为图一时方便，擅自拆除了自以为有碍作业的安全装置。更有一些人工作起来就把“安全”二字忘得干干净净。

不按规程操作。一些机械在作业时危险性是很大的，但有一些使用这些机械的人员，尤其是工作时间长了，把操作规程和要求抛到脑后，想怎么干就怎么干，造成了严重的后果。

麻痹大意，疲劳作业。在生产作业现场，要有高度的警惕性，不论是在工作的时候，还是在休息的时候，都要记住“安全第一”。

作业空间狭小。在机械作业中，各种机械设备都有一定的安全作业空间。机械设备之间安置不能太过紧密；否则，在一台机械工作时，其危险的工件可能会对邻近的操作人员造成伤害。

不按规定使用劳保用品。在生产工作场所，不能像平时那样穿自己喜欢的服装。尤其在旋转机械附近，身上的衣服一定要利索。

③ 保障机械安全的措施。

保证机械本身安全。防护栏、拨手器、双手启动按钮、红外、光电保护等安全装置能在机械运行时将人的手隔离在危险区域外。因此，这些装置都是人们的“好朋友”，不要把它们拆掉。

机械的操作者必须做到安全操作。安全操作一般包括操作前、操作中、操作后三个环节。操作前要经过培训，熟知安全操作规程；操作中要按照相关规程操作，不得擅自改变；操作后清扫整理工作环境。

安排适当的工作时间和休息时间。人不可能长时间地连续作业，经过一定时间就会疲劳，作业效率就会降低，这时如果不能及时休息，就会发生事故。因此，要杜绝疲劳作业。

作业场地要达到要求。作业场地不得过于狭小，工、卡、量具应按规定摆放，原材料、成品、半成品应堆放整齐、平稳，防止坍塌或者滑落。

科学使用劳保用品。根据接触危险能力的作业类别和可能出现的伤害，按规定正确选配劳保用品。该用的劳保用品一定要坚持佩戴，不该用的劳保用品坚决不用。

（2）电气安全。

① 电气安全事故的种类。

触电事故。触电事故是指人身触及带电体时，电流流过人体造成的人身伤害事故。触电事故是电流能量施予人体造成的。触电可分为低压触电和高压触电两种。

雷电和静电事故。雷电和静电事故是指局部范围内暂时失去平衡的正、负电荷在一定条件下将电荷的能量释放出来，对人体造成的伤害或引发的其他事故。

射频伤害。射频伤害是指电磁场的能量对人体造成的伤害，也指电磁场伤害。除高频电磁场外，超高压的高强度工频电磁场也会对人体造成一定的伤害。

电路故障。电路故障是指电能在传递、分配和转化过程中失去控制而造成的事故。线路和设备故障不但威胁人身安全，而且会严重损坏电气设备。

以上四种电气安全事故以触电事故最为常见。但无论哪种事故，都是各种类型的电流、电荷、电磁场的能量不适当地释放或者转移造成的。

② 电气安全技术措施。

安全电压。安全电压就是基本上保护安全的电压数值。它是制定电气安全规程和电气安全技术措施的基础数据。这一电压系列的上限值，在任何情况下，两导体之间或任一导体与地之间均不得超过交流（频率为50～500Hz）有效值50V。

绝缘。绝缘是一种最常见、最简单、最方便的安全措施。所谓绝缘，是指用不带电的绝缘材料将带电体包裹起来，这样人就不会因为接触带电体而发生触电事故。但绝缘并不是万无一失的，在高压电和强电场的作用下，绝缘材料可能被击穿而丧失其绝缘性能；腐蚀性气体、蒸气、导电性粉尘等也能使绝缘材料的性能降低或者被破坏；日光、风吹雨淋等环境因素的长期影响也可以使绝缘材料逐渐老化而失去其绝缘性能。

屏护。当电气设备不便于绝缘或者绝缘不足以保护安全时，采用屏蔽、障碍等手段，避免触电事故发生的措施称为屏护。屏护是防止触电、电弧短路及电弧灼伤的重要措施。

安全距离。安全距离是指人体、物体接近带电体而不发生危险的安全可靠距离。安全距离的大小取决于带电体的电压高低。

保护接地与保护接零。保护接地是指将用电设备在故障情况下可能出现危险的金属部分用导线与接地体连接起来，使用电设备和大地连通。保护接零是指将电气设备正常时不带电的导电部分同低压电网的地线连接起来的保护措施。

合理选用电气设备。合理选用电气设备是减少触电危险和火灾爆炸危险的重要措施，要根据周围环境的情况选择电气设备。

安装漏电保护装置。漏电保护装置是一种在设备及线路漏电时保证人身和设备安全的装置，其作用是防止由于漏电引起的人身触电，并防止由于漏电所引起的设备火灾，以及监视、切除电源一切接地故障。

（3）化学品接触安全。

随着科学技术的进步，化学品广泛应用于国民经济发展的各个领域。然而，人类在利用化学品的不同性质发展生产的同时，危险化学品固有的易燃、易爆、有毒、腐蚀等特性也会给人类的生命和生存发展环境带来副作用。如果处理不当或疏于管理，将会发生严重的化学事故，给人类造成严重的危害。中职学生在进行实践时，部分专业学生要接触化学品，所以必须掌握化学品的相关知识，将化学品的“毒”招一一拆解。

① 常见的危险化学品及其对人体的危害。常见的危险化学品有液化气、管道煤气、香蕉水等油漆稀释剂，汽油、苯、甲苯、甲醇、液氨（氨、氨水）、氯乙烯、液氯、二氧化硫、一氧化碳、氟化氢、过氧化物、黄磷、三氯化磷、强酸、强碱、农药、杀虫剂等。危险化学品对人体的伤害主要是刺激眼睛、流泪致盲，烧伤皮肤、溃疡糜烂，损伤呼吸道、胸闷窒息，麻痹神经、头晕昏迷，以及引起燃烧爆炸，导致物毁人亡。

② 产生化学品安全事故的原因。产生化学品安全事故的原因很多，从各种化学品安全事故发生的原因来看，一是违章指挥，违章操作，违反劳动纪律；二是从业人员缺乏专业知识，安全操作技能差；三是生产工艺落后，设备带病运行；四是违章行车、疲劳驾驶等引起的危险化学品运输翻车泄漏事故；五是非法经营、生产销售造假而引发的事故等。

③ 学生进行相关化学品实践的安全要求。由于化学物品的特殊性，学生在实践操作时必须遵循以下要求。

作业场所保持良好的通风。控制作业场所中的有害气体、蒸气或粉尘，通风是最有效的控制措施。借助有效的通风，使气体、蒸气或粉尘的浓度低于最高容许浓度。

科学使用防护用品。防护用品包括个体防护用品和呼吸防护用品。在无法将作业场所中有害化学品的浓度降低到最高容许浓度以下时，工人必须使用合适的个体防护用品。需要使用呼吸器的人员必须进行正规培训，掌握呼吸器的使用、保管和保养方法。

保持良好的个人卫生。主要应注意以下几个方面：遵守安全操作规程并使用适当的防护用品；不直接接触会引起过敏的化学品；工作结束后、饭前、饮水前及便后要充分洗净身体的暴露部分；衣服口袋里不装被污染的物品，如抹布、工具等；勤剪指甲并保持指甲洁净；时刻注意防止身体被污染，尤其在清洗或更换工作服时更要注意；防护用品要分开放、分开洗；定期检查身体。

④ 发生化学品安全事故后的自我防护。发生化学品事故后，要学会自我防护，一般从呼吸防护、皮肤防护、眼睛防护、撤离、清洗消毒、救治六个方面下功夫。

呼吸防护。在确认发生毒气泄漏或袭击后，应马上用手帕、餐巾纸、衣物等随手可及的物品捂住口鼻。手头如果有水或饮料，应把手帕、衣物等浸湿。最好能及时戴上防毒面具或防毒口罩。

皮肤防护。尽可能戴上手套，穿上雨衣、雨鞋等，或用床单、衣物遮住裸露的皮肤。如果备有防化服等防护装备，要及时穿戴。

眼睛防护。尽可能戴上各种防毒眼镜、防护镜或游泳用的护目镜等。

撤离。判断毒源与风向，沿上风或侧上风路线朝远离毒源的方向迅速撤离现场。

清洗消毒。到达安全地点后，要及时脱去被污染的衣服，用流动的水冲洗身体，特别是曾经裸露的部分。

救治。迅速拨打 120 急救电话，将中毒人员尽快送医院救治。中毒人员在等待救援时应保持平静，避免剧烈运动，以免加重心肺负担，致使病情恶化。

（4）建筑施工安全。

建筑施工的特点是高处作业，工作量大，作业环境复杂多变，不但涉及机电、起重、搬运安全，而且与多种其他行业安全有关，因此安全隐患相对较多，极易发生事故。

① 高空作业安全。高空作业就是距地面 2 米以上，工作斜面坡度大于 45°，工作地面没有平稳的立脚地方或有震动的地方进行操作。高空作业不仅存在于建筑业，电工、高楼清洗等工种也需要进行高空作业。

高空作业基本要求。首先，高空作业区地面要划出禁区，用篱笆围起，并挂上“闲人免进”“禁止通行”等警示牌。夜间作业时，必须设置足够的照明设施，否则禁止施工。靠近电源线路作业前，应停电。确认停电后方可进行工作，并应设置绝缘挡壁。作业者最少离开电源线路 2 米，禁止在高压线下作业。遇 6 级以上大风时，禁止露天进行高空作业。进行高空焊接、氧割作业时，必须事先清除火星飞溅范围内的易燃易爆器。当结冻、积雪严重，无法清除时，停止高空作业。

其次，在登高前，必须穿戴防护用品，扎住裤脚，戴好安全帽，不准穿光滑的硬底鞋。要有足够强度的安全带，并应将安全带牢系在坚固的建筑结构件上或金属结构架上，不准系在活动物件上。施工负责人必须再次进行现场安全教育，并再次检查所用的登高工具和安全用具。

最后，高空作业所用的工具、零件、材料等必须装入工具袋。上下时手中不得拿物件；必须从指定的路线上下，不得在高空投掷材料或工具等物件；不得将易滚易滑的工具、材料堆放在脚手架上；不准打闹。工作完毕应及时将工具、零星材料、零部件等一切易坠落物件清理干净，以防落下伤人，大型零件移动时应采用可靠的起吊机具。

高空作业的安全措施。严禁上下同时垂直作业，若情况特殊必须垂直作业，应经有关领导批准，并在上、下两层设置专用的防护棚或其他隔离设施。严禁坐在高空无遮拦处休息。卷扬机等各种升降设备严禁上下载人。

在石棉瓦屋面工作时，要用梯子等物垫在瓦上行动，防止踩破石棉瓦而坠落。不论任何情况，不得在墙顶上工作或通行。脚手架的负荷量每平方米不能超过 270 千克，若负荷量必须加大，架子应适当加固。超过 3 米长的铺板不能同时站两人工作。脚手板、斜道板、跳板和交通运输道应随时清扫。若有泥、水、冰、雪，要采取有效防滑措施，并经安全员检查同意后方可开工。使用梯子时，必须先检查梯子是否坚固，是否符合安全要求，立梯坡度以 60°为宜。梯底宽度不低于 50 厘米，并应有防滑装置。梯顶无搭勾、梯脚不稳固时，须有人扶梯，人字梯拉绳必须牢固。

② 起重作业安全。起重作业作为中职教育中的复杂实践，环境复杂，危险性较大。因此，中职学生在与起重作业有关的岗位参加实践时，应远离起重场所。如果实践岗位与起重设备关系密切，则应注意保护自身安全。不但自己要时刻注意，还需要互相提醒、检查落实。

起重机安全操作规定。司机接班时，应对制动器、吊钩、钢丝绳和安全装置进行检查。发现性能不正常时，应在操作前排除。开车前，必须鸣铃或报警。操作中接近人时，应给出断续铃声或警报。操作应按指挥信号进行。对紧急停车信号，不论何人发出，都应立即执行。当起重机上或其周围确认无人时，才可以闭合主电源。当电源电路装置上加锁或有标牌时，应由专管人员除掉后才可闭合主电源。闭合主电源前，应将所有的控制器手柄置于零位。工作中突然断电时，应将所有的控制器手柄扳回零位。在重新工作前，应检查起重机工作是否正常。对在轨道上露天作业的起重机，当工作结束时，应将起重机锚定住。当风力大于 6 级时，一般应停止工作，并将起重机锚定住。对于在沿海工作的起重机，当风力大于 7 级时，应停止工作，并将起重机锚定住。司机进行维护保养时，应切断主电源并挂上标志牌或加锁。若存在未消除的故障，应通知接班司机。

正确使用吊具、索具。用于起重吊运作业的刚性取物装置称为吊具，如吊钩、抓斗、夹钳、吸盘、专用吊具等。用于系结工件的柔性工具称为索具，如钢丝绳、环链、合成纤维吊带等，端部配件常用的吊环、卸扣、绳卡等。吊具、索具使用不当引起重物坠落，是起重事故中的重要原因。正确使用吊具、索具的要求如下：使用者应熟知各类吊索具及其端部配件的性能、使用注意事项、报废标准。所选用的吊索具应与被吊工件的外形特点及具体要求相适应，绝不能对付使用。作业前，应检查吊索具及其配件，确认完好，方可使用。吊具及其配件不能超过额定起重量，吊索不得超过其相应吊挂状态下的最大工作载荷。作业中应防止损坏吊索具及其配件，必要时在棱角处应加护角防护。吊挂前，应正确选择索点；提升前，应确认捆绑是否牢固。

③ 拆除作业安全。拆除区周围应设立围栏，挂警告牌，并派专人监护，严禁无关人员逗留。拆除工程在施工前，应将电线、天然气煤气管道、上下水管道、供热设备管道等干线和通向该建筑物的支线切断或迁移。在拆除过程中，现场照明不得使用被拆建筑物中的配电线，应另外设置配电线路。

拆除作业时，应该站在专门搭设的脚手架上或其他稳固的结构部分上操作。拆除建筑物时的顺序是屋顶板—屋架或梁—承重砖墙或柱—基础，自上而下，禁止数层同时拆除。拆除某一部分时应防止其他部分倒塌。

④ 搬运作业安全。手工搬运是比较繁重的体力劳动，如果互相配合不好、工具使用不当，也容易造成工伤事故。

简易人力搬运的安全要求如下。

肩扛。肩扛的重量以不超过本人体重为宜。最好有人搭肩，搭肩应稍下蹲，待重物到肩后，直腰起立，不能弯腰，以防腰部扭伤。

肩抬。两人以上抬运重物时，必须同一顺肩。换肩时重物须放下。多人抬运时，必须有一人喊号，以求步调一致。

使用跳板。在使用跳板时，应注意：必须使用厚度大于 50 毫米的跳板，凡腐朽、扭曲、破裂的跳板，均不得使用。单行跳板，其宽度不得小于 0.6 米；双行跳板，其宽度不得小于 1.2 米。跳板坡度不得大于 1∶3。凡超过 5 米长的跳板，下部应设支撑。跳板两头应包扎铁箍，以防裂开。

使用撬杠。应根据具体情况采用长短大小不同的撬杠（0.5～1.6 米）。操作时，撬杠应放在身体一侧，两腿叉开，两手用力。不准站在或骑在撬杠上面工作，也不准将撬杠放在肚子下，以防发生事故。

使用滚杠。移动较沉重的物体时，一般多采用滚杠，即在重物的下方放入托板，在托板的下方放入滚杠。这样，在移动重物时可大大减少推移的力量。使用的滚杠须大小一致，长短适合，长度最好不超过托板两侧 100～150 毫米。在移动中需要增加滚杠时，必须停止移动。调正方向时，要用锤击，不得用手调。拿取滚杠时，四指伸进筒内，拇指压在上方，以防压手。

在顶岗实习中一旦有学生发生安全事故，首先，指导教师应马上赶赴现场，拨打急救中心电话，说明发生安全事故的准确地理位置，告知目前现场的状况及人员的受伤程度，冷静回答救护人员的询问，随时与急救中心人员保持联系并汇报情况；其次，通知学校应急预案领导小组，让他们派人过来处理相关事宜；再次，通知受伤学生的家属；最后，向保险公司报备，说明学生受伤的经过及伤势情况。指导教师按照顶岗实习保险的理赔处理流程，与保险公司协调办理理赔等相关事宜。

（三）急救常识与技能

1. 一般急救常识

（1）心肺复苏。

心肺复苏是挽救伤者，使其恢复心跳和呼吸，避免脑损伤的一种急救技术。在日常生活中，人们难免会遇到各种疾病或意外事件。因此，掌握心肺复苏的操作和技能是很必要的。心肺复苏的程序如下。

① 判断伤者有无反应。轻摇伤者肩膀并在其耳边呼唤，并大声问："你怎么啦？"测试伤者神志是否清楚。若有回应，则表示伤者气道仍然畅通；若伤者不省人事，应立即请旁人协助。

② 呼救，拨打 120 急救电话。若呼唤无反应，则立即呼救，目的是叫人协助急救和通知医院与医疗急救部门，申请急救车服务。120 是我国统一实施的医疗急救电话号码。如果在场目击者只有一人，而伤者呼吸、心跳停止，应对其先进行心肺复苏，1 分钟后再尽快打电话呼救；如果现场有多人，呼救与抢救可同时进行。伤者只有一人，在神志清醒时应尽快拨通急救电话，把自己的伤情、地点详细告诉对方，请求速来急救或呼救邻居速来协助。

③ 摆好伤者身体。为使复苏有效，伤者必须仰卧在坚实而无弹性的平面上，头部与躯干呈水平位，身体无扭曲，两臂放在身旁，解开衣领，松开裤带。

抢救者跪于患者的右侧，两腿自然分开，一只膝关节位于伤者肩部，另一只膝关节位于伤者腰部，抢救者双腿与肩同宽，并尽量贴近患者。

④ 清除伤者口腔异物。迅速清除伤者口、鼻、咽喉中的异物，如凝血块、痰液、呕吐物等。抢救者用一只手的拇指、食指拉出伤者的舌头，用另一只手的食指伸入其口腔和咽部，迅速将血块、异物取出。

⑤ 打开伤者气道。抢救者清理干净伤者气道异物后，需要继续保持气道通畅。抢救者一只手放在伤者前额上，手掌向后下方施力，使其头向后仰；另一只手的食指及中指将其下颌托起。此时，拉开伤者的颈部，尽量让头后倾。需要注意的是，手指不要压向喉部，以免阻塞气道。

⑥ 判断伤者呼吸情况。抢救者将面颊贴近伤者口鼻部，眼睛朝向伤者胸部，判断伤者是否存在呼吸。同时默数 1001、1002、1003、1004、1005（5 秒钟），若伤者已无呼吸，应立即进行人工呼吸。

⑦ 对伤者进行人工呼吸。口对口进行人工呼吸是为伤者肺部供应氧气的首选快速有效的方法。使伤者仰卧，抢救者位于其头部一侧，捏住伤者的鼻孔，深吸气后，将自己的嘴紧贴

伤者的嘴吹入气体。之后，离开伤者的嘴，放开鼻孔，一只手按压伤者胸部，助其呼出体内气体。如此有节律地反复进行，每分钟进行 15 次。需要注意的是，吹气时不要用力过度，以免造成伤者肺泡破裂。吹气时，应对伤者进行胸外心脏按压。一般吹一次气后，做 4 次心脏按压。

⑧ 对伤者进行胸外心脏按压。胸外心脏按压是心肺复苏的主要方法，是通过压迫胸骨，对心脏给予间接按压，使心脏排出血液，参与血液循环，以恢复心脏的自主跳动。其具体操作方法如下。

让需要进行心脏按压的伤者仰卧在平整的地面或木板上。

施救人员位于伤者一侧，双手重叠放在伤者胸部两乳正中间处，用手向下挤压胸骨，使胸骨下陷 3～4 厘米，然后迅速放松，放松时手不离开胸部。如此反复有节律地进行，按压速度为每分钟 60～80 次。

（2）简易止血。

止血是创伤现场应急救护首先要掌握的一项基本技术，其主要目的是阻止伤口持续性出血，防止伤者因失血过多而导致死亡，为伤者赢得宝贵的抢救时间，从而挽救伤者的生命。

① 包扎法止血。包扎法止血一般限于无明显动脉性出血。对于小创口出血，有条件时先用生理盐水冲洗局部，再用消毒纱布覆盖创口，用绷带或三角巾包扎。无条件时可用冷开水冲洗，再用干净毛巾或其他软质布料覆盖包扎。创口较大而出血较多时，要加压包扎止血。包扎的压力应适度，以达到止血而不影响肢体血液流动为宜。严禁将泥土、面粉等不洁物撒在伤口上，造成伤口进一步污染，而且给下一步的清创带来困难。

② 指压法止血。此法用于急救时处理较急剧的动脉出血。它是一种简单有效的临时性止血方法，根据动脉的走向，用拇指压住出血的血管上方，使血管被压闭住，阻断血液来源，能迅速有效地达到止血的目的。缺点是止血不易持久，而且需事先了解正确的压迫点才能见效。

③ 止血带法止血。如果是较大的肢体动脉出血，且为运送伤者方便，应上止血带，橡皮带、宽布条、三角巾、毛巾等均可。上肢出血时，止血带应结扎在上臂的上 1/3 处，禁止扎在中段，避免损伤桡神经。下肢出血时，止血带应扎在大腿的中部。上止血带前，要将伤肢抬高，尽量使静脉血回流，并用毛巾或其他布片、棉絮做垫，然后扎止血带，以止血带远端肢体动脉刚刚摸不到为宜。止血带应松紧适宜，过紧易损伤神经，过松则不能达到止血的目的。扎好止血带后，一定要做明显的标志，写明上止血带的部位和时间，以免忘记定时放松，造成肢体因缺血时间过久而坏死。上止血带后每 0.5～1 小时放松一次，放松 3～5 分钟后再扎上，放松止血带时可暂用手指压迫止血。

（3）包扎。

包扎是外伤急救时最常用的方法。它具有保护伤口、减少感染、加压止血、固定敷料和夹板及减轻疼痛等作用。一般可以用三角巾和无菌纱布包扎。在紧急情况下，可用清洁的毛巾、被单等代替。

① 简单螺旋包扎法（见图 21-1）。先将绷带缠绕肢体两圈固定，然后由受伤部位的下方开始，由下而上进行包扎。包扎时应用力均匀，由内而外扎牢，每绕一圈时，遮盖前一圈绷带的 2/3，露出 1/3。包扎完成时应将盖在伤口上的敷料完全遮盖。

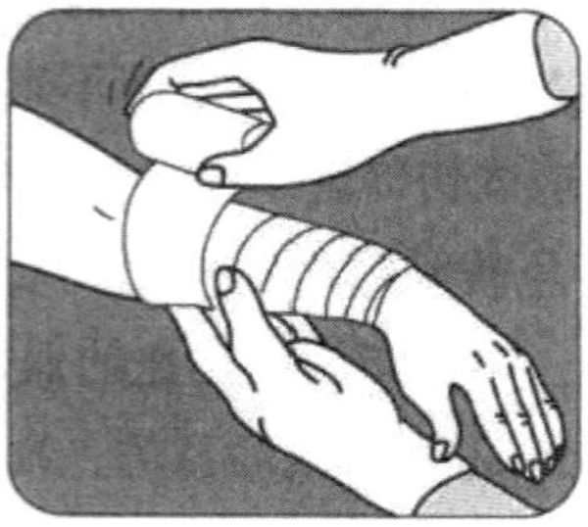

图 21-1　简单螺旋包扎法

② 人字形包扎法（见图 21-2）。先将绷带在患者肢体关节中央处缠绕一圈做固定，然后绕一圈向下，再绕一圈向上，反复向下、向上缠绕。结束时，在关节的上方重复缠绕一圈并固定。

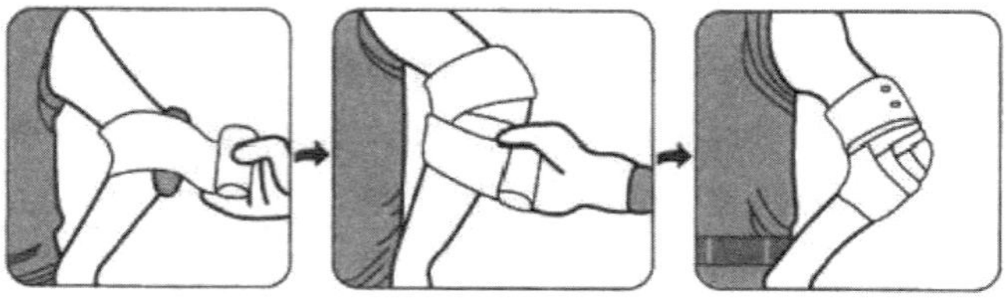

图 21-2　人字形包扎法

③ 三角巾头部包扎法（见图 21-3）。扶患者坐稳，去除眼镜或头饰。用干净的纱布垫或布垫按压在头顶部伤口上，加压止血约 10 秒。将三角巾的底边折叠约两横指宽，边缘结于患者前额齐眉处，覆盖好布垫，顶角拉向后颅部。将三角巾两底角沿两耳上方向后收，在后部枕骨下交叉并压紧顶角，然后绕回前额正中打结。将患者头后部的顶角拉紧并向上返折，将顶角塞进两底角的交叉处。

图 21-3　三角巾头部包扎法

（4）骨折的简易固定。

出现外伤后，局部组织有红、肿、热、痛和功能障碍时应考虑有骨折的可能。例如，前臂骨折是很多爱好体育的学生最容易出现的骨折类型。此时，前臂出现皮肤发红、肿胀、发热和疼痛，前臂不能抬起等功能障碍。固定是针对骨折的伤者所采用的一项急救措施。其目的是固定伤处，限制骨折部位的移动，避免骨折断端刺伤皮肤、血管、神经及重要脏器，减轻疼痛，便于运送。

① 上臂和肘关节骨折。

上臂骨折而肘关节没有损伤时，肘部可以弯曲，固定方法（见图 21-4）如下。

轻轻弯曲伤者伤侧肘关节，将伤侧的前臂置于胸前，掌心向着胸壁。

在伤侧胸部和上臂之间垫上布垫，用三角巾或绷带将伤侧前臂悬挂固定。

可再用一条三角巾或绷带围绕伤者胸部将伤肢扎紧加固。

如果肘关节有损伤，肘部不能弯曲，固定方法（见图 21-5）如下。

扶伤者躺下，保持伤侧上肢与躯体平行，掌心朝向肢体，在伤侧上肢与胸部之间垫上布垫。

用三角巾或绷带轻轻围绕伤者受伤的上肢和躯干，在未受伤的一侧打结。三角巾或绷带要避开伤者受伤的部位。

图 21-4　上臂骨折固定方法

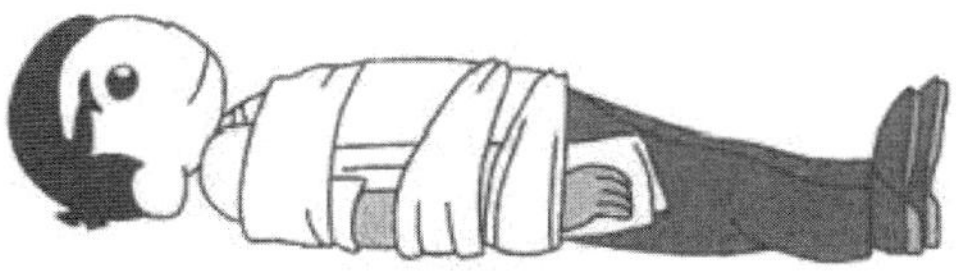

图 21-5　肘关节损伤固定方法

② 大腿骨折。大腿骨折即股骨骨折。股骨是人体中最长的骨，十分坚硬，发生骨折常是强大的外力撞击所致的。大腿血液循环丰富，骨折时若有大血管损伤，血液会大量流入组织间隙，引起严重的内出血；由于肌肉的牵拉，伤侧大腿可能缩短或向外翻，受伤处肿胀；伤侧的膝盖和脚会歪向一侧；有严重出血时，患者会出现休克。

大腿骨折固定方法（见图 21-6）如下。

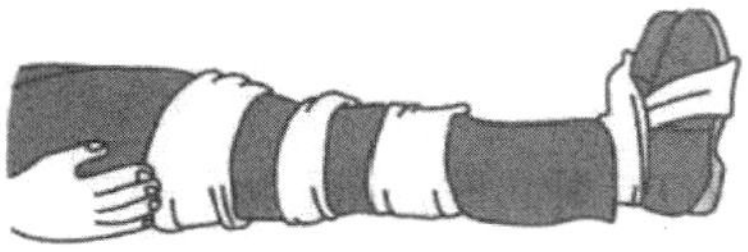

图 21-6　大腿骨折固定方法

扶伤者仰卧，将未受伤的腿与受伤的腿靠在一起，同时呼叫急救车。

在伤者两腿之间，从膝关节以上到踝关节加垫衣物或折叠后的毯子等。

用三角巾或绷带、布条，以 8 字形缠绕固定伤者双足，使双足底和脚约成 90° 的角。

用三角巾或宽布带缠绕患者双膝及骨折处上、下方，达到固定目的，并在健侧打结。

包扎结束后，尽量不移动伤者，直到急救车到来。

（5）搬运。

① 单人搬运（见图 21-7）。救护者站于伤者的一侧，使其身体略靠着救护者，一起行走；或者一人直接将伤者抱起行走；或者将伤者背起行走。如果伤者卧于地上，救护者可先躺其一侧，用一只手紧握伤者肩部，另一只手抱其腿，用力翻身，使其伏于救护者背上，而后慢慢起来行走。

图 21-7　单人搬运

② 双人搬运（见图 21-8）。一人站在伤者头旁，两手插入伤者腋下，将其抱入怀内；另一人站在伤者两腿中间，托起伤者双腿，然后步调一致地前行。或者救护者两人手臂交叉，呈座椅状，让伤者坐在手臂上，伤者的两臂搭在急救者的脖子上。

图 21-8　双人搬运

2. 常见疾病的急救

（1）猝死。

猝死又称突然死亡，指平素看来健康或病情已基本恢复者在很短的时间内突然发生意想不到的非创伤性死亡。猝死往往来不及救治，属于临床急症。猝死的高峰多发生在发病后 1 小时内，因此，心脏病专家将发病后 1 小时内的死亡定为猝死的标准。

① 猝死的症状。多数人在猝死前无明显预兆。有些患者以前有过心绞痛发作史，心绞痛突然加剧，表现为面色灰白、大汗淋漓、血压下降，特别是出现频繁的室性早搏，常为“猝死”先兆。有的患者出现原来没有的症状，如显著疲乏感、心悸、呼吸困难、精神状态变化等。随后，由于心脏骤停，面部表现为神志不清、高度发绀、痉挛、瞳孔固定而扩大，或出现几次喘息样呼吸而进入临床死亡。如果不及时发现并进行心脏复苏抢救，或抢救无效，患者可很快（4～6 分钟）进入不可逆的生物学死亡。

② 猝死的急救。一般来说，猝死有三个特点：死亡急骤，死亡出人意料，自然死亡或非暴力死亡。多数患者在家中或正常工作时突然发病。因此，及时的现场救护就显得非常重要。当发现有人突然意识丧失倒地时，不能慌乱，首先应让患者平卧，拍击其面颊并呼叫，同时用手触摸其颈动脉部位以确定有无搏动。若无反应且没有动脉搏动，救护者应在几秒钟内使用拳击的方法，使患者恢复心跳。拳头举高 20～30 厘米，捶击患者胸骨中下 1/3 处 1～2 次，然后判断心跳有无恢复。

若患者未立即出现自发的脉搏并开始呼吸，则需进行心肺复苏。

只有当患者呼吸和心跳恢复后，才能以妥善的方式将其护送到医院继续接受治疗。

③ 猝死的预防。猝死发病急，但不是没有应对措施。中职学生在生活中和参加运动时应该密切关注身体的变化，预防发生猝死等意外事件。

出现不适早检查。中职学生应注意运动前、运动中或运动后出现的胸闷、压迫感、极度疲劳等症状，如症状明显应及时中止运动，进行详细检查。

运动强度要适宜。中职学生在体育锻炼时应该坚持循序渐进和因人而异的原则，运动前进行充分的准备活动，运动后进行整理活动，避免出现平时不运动，偶尔突然超负荷运动的情况。每名学生应根据自身身体状况采取不同的运动强度，防止出现过度训练和过度紧张，减少心律失常现象的出现和发生。

养成良好的生活习惯。养成良好的生活习惯对于预防猝死也很重要。学生平时不要吸烟，少吃高脂食品和盐，多吃蔬菜、水果，保证睡眠时间和质量，保持良好的思想情绪，避免精神过度紧张和超负荷运动。

（2）昏厥。

昏厥又称晕厥、虚脱、昏晕、昏倒，是由一过性脑缺血引起的短暂的意识丧失。学生晕厥比较常见，严重地影响学习、生活和身体健康。因此，掌握必要的急救常识很有必要。

① 引起昏厥的原因。引起昏厥的原因很多，如由恐惧、焦虑、急性感染、创伤、剧痛引起的血管迷走性昏厥，由低血压引起的体位性昏厥，由风心病、冠心病及严重心律失常、心力衰竭引起的心源性昏厥等。但发生在学生身上的昏厥又有自身的特点。这类昏厥多以女生为主。部分女生平时很少运动，身体素质比较差，当出现疲劳、情绪低落、食欲差、能量补充不足等诸多不良因素时，容易出现意识丧失而突然晕倒。无论是哪种昏厥，发病多突然开始有头晕、心慌、恶心呕吐、面色苍白、全身无力等症状，随之意识丧失，昏倒在地。

② 昏厥的急救。一旦身边出现昏厥者，应该抓紧时间进行急救。

使昏厥者平卧，头放低，松解衣扣。见到昏厥者前额出汗、脸色苍白，或申诉头晕，或已昏厥，应立即扶其躺到床上，抬高下肢，不要用枕头。解开领扣、腰带和其他紧身的衣物。如果现场环境无床或不允许昏厥者躺下，可以让其坐下，把头垂到双膝之间。如果昏厥者不能躺下或坐下，可让其单腿跪下，俯伏上身，像系鞋带的姿势一样。这样，昏厥者的头部就处在比心脏低的位置，同样能很快恢复。不要把昏倒在地的昏厥者扶坐起来，而要让他躺在地上，将身子放平。

用手掐昏厥者的人中穴。妥善处置好晕厥者的姿势后，急救者可用指甲掐昏厥者的人中穴，迫使其很快清醒。昏厥者一般在 5 分钟内便能恢复神志，否则应立即送往医院寻求专业急救。昏厥者醒后至少仰卧 10 分钟，过早起身可能使昏厥复发。昏厥者意识恢复后，可饮少量水或茶。对原因不明的晕厥，应尽快送昏厥者到医院诊治。

3. 户外运动急救常识

户外活动是学生走出教室，投身大自然的怀抱，接受阳光、空气，体验和感受野外生活乐趣的重要途径。它不仅能锻炼学生克服困难的精神，提高适应自然环境的能力，而且能在集体活动中增进同学间的友谊，丰富社会生活。但是，户外活动也存在一定的意外和危险，所以掌握一定的户外急救技能很有必要。

（1）伤口处理。

伤口暴露容易被病菌感染，特别是在野外卫生条件不好的情况下，更应该及时处理好伤口。在旅行前有必要进行免疫接种。

① 小伤口的处理。首先要清洁伤口，把碎片、泥土等杂物清除，并且除去已经坏死的组织，然后用碘酒及酒精迅速擦拭伤口进行消毒，再将大小合适、干净的纱布轻轻盖在伤口表面，贴上胶布固定。

② 动脉出血的处理。动脉出血应立即用止血带或手指压在伤口近心端的一方，使血管被压闭住，中断血流，不能压得太松或太紧，以血液不再流出为宜。缚止血带的时间原则上不超过 1 小时，如果需较长时间缚止血带，则应每隔半小时松解止血带半分钟左右。在松解止血带的同时，应压住伤口，以免大量出血。同时，应争取时间去医院处理。

（2）脱臼的急救。

脱臼又称关节脱位，是外力或其他原因造成关节各骨的关节面失去正常的对合关系，其中肩部尤其容易脱臼。如果发现肩部脱臼，急救人员应脱去鞋子，用脚撑在伤员腋下，拖动脱臼的臂部，使之复位。另一种可行但是更冒险的方法是屈肘 90°，用作杠杆，顶住关节窝使之复位，用吊索支持臂部，并用绷带使之与胸部固定，让伤者好好休息。

（3）骨折的急救。

骨折是指外伤或病理等原因致使骨质部分或完全断裂的一种疾病。根据骨折是否和外界相通，可以把骨折分为开放性骨折和闭合性骨折两类。开放性骨折是指断骨可能刺破皮肤，有明显的伤口，因为与外界相通，所以这类骨折比较容易引起感染。闭合性骨折是指断骨没有刺穿皮肤也没有裸露在外的情况。

遇到在野外发生骨折的情况，在将伤者送往医院之前，应该固定其伤肢，避免搬动过程中骨折软组织、血管、神经或内脏器官进一步受到损伤。这时候需要用到的夹板应该就地取材，树枝、木棍、木板、滑雪杖、折叠的报纸等都可以用作夹板。在缺乏外固定材料时，也可以进行临时性的自体固定，若上肢受伤，则将伤肢固定于躯干；若下肢受伤，则将伤肢固定于健肢。比照对称的另一肢，将断骨牵引复位，再加以固定包扎。完成包扎以后，若伤者出现伤肢麻痹或脉搏消失等情况，应立即松解绷带。如果伤口有脏物，不要用水冲洗，不要使用药物，也不要试图将裸露在伤口外的断骨复位，应在伤口上覆盖灭菌纱布，然后适度包扎固定。如果伤口中已嵌入异物，不要拔除，可在异物两旁加上敷料，直接压迫止血，并将受伤部位抬高，在异物周围用绷带包扎。注意不要将异物压入伤口，以免造成更大伤害。

（4）冻伤的急救。

① 冻疮及其急救。冻疮在一般的低温（3～5℃）和潮湿的环境中发生。因此，冻疮不仅在我国的北方地区，而且在华东、华中地区也较为常见。冻疮常在不知不觉中发生，部位多在耳郭、手、足等处，表现为局部发红或发紫、肿胀、发痒或刺痛，有些可起水疱，而后发生糜烂或结痂。

发生冻疮后，可在局部涂抹冻疮膏；糜烂处可涂用抗菌类和可的松类软膏。另外，发生冻疮后要多穿衣服，注意保暖，防止冻疮的恶化。

② 冻僵及其急救。冻僵是指人体遭受严寒侵袭，全身降温所造成的损伤。伤者表现为全身僵硬，感觉迟钝，四肢乏力，头晕，甚至神志不清，知觉丧失，最后因呼吸循环衰竭而死亡。

发生冻僵的伤者已无力自救，救助者应立即将其转运至温暖的房间内，搬运时动作要轻柔，避免僵直身体受到损伤。然后迅速脱去伤者潮湿的衣服和鞋袜，盖上被子。用布或衣物裹热水袋、水壶等，放在腋下，使腹股沟处迅速升温，或将伤者放在38~42℃的温水中浸浴。如果衣物已冻结在伤者的肢体上，不可强行脱下，以免损伤其皮肤，可连同衣物一起放入温水中，待解冻后取下，待伤者出现有规律的呼吸后停止加温。伤者意识恢复后可饮用热饮料或少量酒。

（5）溺水的急救。

游泳是不少中职学生喜爱的体育锻炼项目之一，它既可以解除夏季的炎热，又能够起到锻炼身体的作用。但是，如果不做好准备、缺少安全防范意识，遇到意外时慌乱无措，极易发生溺水伤亡事故。因此，掌握一定的溺水急救技能十分重要。

① 溺水的预防。为了确保游泳安全，防止溺水事故的发生，必须做到以下几点。

选择安全的游泳场所。不要独自外出游泳，更不要到不知水情或比较危险且易发生溺水伤亡事故的地方游泳。选择好的游泳场所，对场所的环境（如该水库、浴场是否卫生，水下是否平坦，有无暗礁、暗流、杂草，水域的深浅等情况）要了解清楚。

要有专人带领。学生要在教师或熟悉水性者的带领下游泳，以便互相照顾。如果集体组织外出游泳，下水前后都要清点人数，并指定救生员做安全保护。

做好游泳前的准备。下水之前要清楚自己的身体健康状况，平时四肢容易抽筋者不宜参加游泳或不要到深水区游泳。要做好下水前的准备，先活动身体，如果水温太低应先在浅水处用水淋洗身体，待适应水温后再下水游泳；镶有义齿的同学应将义齿取下，以防呛水时义齿落入食管或气管。

游泳时要谨慎。对自己的水性要有自知之明，下水后不能逞能，不要贸然跳水和潜泳，更不能互相打闹，以免喝水和溺水。不要在急流和旋涡处游泳，更不要酒后游泳。

遇到不适早防备。在游泳中如果突然觉得身体不舒服，如眩晕、恶心、心慌、气短等，要立即上岸休息或呼救。若小腿或脚部抽筋，不要惊慌，可用力蹬腿或做跳跃动作，或用力按摩、拉扯抽筋部位，同时呼叫同伴救助。

② 溺水者的岸上急救。

拨打 120 急救电话。如果溺水者情况比较严重，首先应该在周围群众的帮助下拨打 120 急救电话，等专业医生迅速赶到施以援救。在拨打 120 急救电话时，一定要说清溺水的地点、人数及溺水者的大致状况，让医生做好准备。

清除溺水者口、鼻中的杂物。在急救人员到来之前，现场人员应该抓紧时间实施急救。将溺水者抬出水面后，首先应立即清除其口、鼻中的淤泥、杂草、泡沫和呕吐物，使其上呼吸道保持畅通。如果发现溺水者喉部有阻塞物，则可将溺水者脸部转向下方，在其后背用力拍，将阻塞物拍出气管。如果溺水者牙关紧闭，口难张开，可在其身后用两手拇指顶住溺水者的下颌关节用力前推，同时用两手食指和中指向下扳其下颌骨，将口掰开。为防止已张开的口再闭上，可将小木棒放在溺水者上下牙床之间。

人工呼吸。对呼吸停止者应立即进行人工呼吸，一般以口对口吹气为最佳。急救者位于溺水者一侧，托起溺水者的下颌，捏住溺水者的鼻孔，深吸一口气后，往溺水者嘴里缓缓吹气，待其胸廓稍有抬起时放松其鼻孔，并用一只手压其胸部以助呼气。反复并有节律地（每分钟吹 16～20 次）进行，直至恢复呼吸为止。

胸外心脏按压。将溺水者救上岸后，若发现溺水者的心跳已停或极其微弱，则应立即对其施行胸外心脏按压，通过间接挤压心脏使其收缩与舒张，恢复泵血功能。胸外心脏按压与人工呼吸的配合施行，是对尚未出现死亡现象的溺水者的生命做最后的挽救，是使其恢复自主心跳与呼吸的重要手段。胸外心脏按压的具体做法为：让溺水者仰卧，在其背部垫一块硬板，头部稍后仰，急救者位于溺水者一侧，面对溺水者，将右手掌平放在其胸骨下段，左手放在右手背上，借急救者身体质量缓缓用力，不能用力太猛，以防肋骨骨折，将胸骨压下 4 厘米左右，然后松手腕，使胸骨复原，反复有节律地（每分钟 60～80 次）进行，直到心跳恢复为止。

（6）中暑的急救。

中暑俗称暑热，是体温调节中枢功能障碍、汗腺功能衰竭和水电解质丢失过多引起的疾病。中暑常发生在气温超过 32℃和湿度大于 60%、无风的夏季。中职学生如果在夏季进行剧烈运动或长时间从事重体力劳动，如马拉松锻炼或军训，均有可能引发中暑。

① 中暑的症状。中暑的程度可以分为三级：先兆中暑、轻度中暑和重度中暑。其分别表

现为：先兆中暑者有头痛、眩晕、口干舌燥、出汗、疲劳、注意力不集中和动作不协调等症状；轻度中暑者除具有先兆中暑者的表现外，还有肌肉痉挛、疼痛或直立性晕厥、体温轻度升高、面色潮红、皮肤灼热、脉搏加快、呼吸急促和血压下降等脱水表现；重度中暑又称热射病或日射病，表现为高热、昏迷、惊厥和多器官衰竭。重度中暑是一种致命性急症，病死率极高，常死于呼吸、循环系统衰竭或急性肾衰竭。

② 中暑的现场急救。中暑后体温升高的程度及持续时间与病死率直接相关。因此，发现中暑者应迅速采取以下急救措施，减少或防止悲剧性事件的发生。

将中暑者转移到阴凉通风处。对中暑者要及时使其脱离高温环境，可将其转移到阴凉通风处休息，使其平卧，头部抬高，松解衣扣。

补充体液。如果中暑者神志清醒，并无恶心、呕吐症状，可饮用含盐的清凉饮料、茶水、绿豆汤等，以起到降温、补充血容量的作用。也可饮淡盐水（0.2%～0.3%氯化钠溶液）。对神志不清的中暑者最好不要喂水，以防误吸。有条件者，可静脉输注 5%葡萄糖生理盐水或复方氯化钠溶液。

人工散热，物理降温。有条件时，可用电扇通风或空调降温，促进散热，但不能直接对着中暑者吹风，防止造成感冒。也可采用物理降温，如用冷水或冰袋置于中暑者的头、颈、腋下、腹股沟等处，或用酒精擦中暑者的头、颈、腋下、腹股沟等处，都可达到迅速降温的效果。如果中暑者无低血压或休克表现，将其躯体浸入 27～30℃的水中 15～30 分钟，也可达到迅速降温的效果。对血压不稳定者，可采用蒸发散热降温，如用 23℃冷水反复擦拭皮肤，同时用电风扇或空调促进散热。

拨打急救电话。对重度中暑者，在采取上述措施的同时，应立即拨打 120 急救电话，将中暑者迅速送往有条件的大医院急诊科治疗。

③ 中暑的预防。

注意饮食。在饮食方面，应注意补充水分。夏季，人体水分挥发较多，不能等渴了再喝水，那时身体已处于缺水状态。另外，身体中的一些微量元素会随着水分的蒸发被带走，应适当喝一些盐水。在食物方面，要补充足够的蛋白质，如鱼、肉、蛋、奶和豆类等；另外，还应多吃能预防中暑的新鲜果蔬，如西红柿、西瓜、苦瓜、桃、乌梅、黄瓜等。

做好防晒工作。在外出时，要做好防晒工作，戴太阳镜、遮阳帽或使用遮阳伞，着浅色、透气、宽松的棉、麻、丝质服装，便于汗液挥发，有利于散热。烈日炎炎下长时间骑车最好穿长袖衬衫或使用披肩，戴遮阳帽。中午至下午 2 时阳光最强，尽量不要待在户外，有条件的可适当进行午休。曾经中暑者在恢复后数周内应避免进行室外剧烈活动和在烈日下暴晒。

随身携带防暑药品。进行长时间户外运动时，要准备好防暑药品，如藿香正气水、十滴水、人丹等。出汗较多时应多饮含盐类和多种水溶性维生素的清凉饮料，保持水和盐的代谢平衡。

（7）蜇伤与咬伤的急救。

学生在户外活动时，经常会遇到各种各样的动物咬伤、叮伤或蜇伤情况，很多人因为受伤后处理不当而造成不必要的感染或病情加重。现将一些常见的动物咬伤、蜇伤的紧急处理办法介绍如下。

① 蜂类蜇伤的急救。被蜂蜇伤后，其毒针会留在皮肤内，必须用消毒针将叮在肉内的断刺剔出。如果身边暂时没有药物，可用肥皂水充分洗患处，然后涂些食醋或柠檬汁。如果伤者发生休克，在通知急救中心或去医院的途中，要注意保持伤者的呼吸畅通，并进行人工呼吸、心脏按压等急救处理。

② 猫、狗咬伤的急救。狂犬病是人被狗、猫等动物咬伤而感染狂犬病病毒所致的急性传染病。狂犬病病毒能在狗或猫的唾液腺中繁殖，狗或猫咬人后通过伤口残留唾液使人感染。有的狗、猫虽无狂犬病表现，却带有狂犬病病毒，它们咬人后照样可以使人感染狂犬病病毒而得狂犬病。目前，狂犬病治疗无特效药物，死亡率高达 100%。因此，人被狗或猫咬伤后必须及时救治。

挤血排毒。如果伤口流血，在流血不多的情况下，不要急于止血，因为流出的血液可以将残留在伤口的猫狗唾液一并带走。对于渗血的伤口，尽量从近心端挤压伤口出血，排除残留的唾液。

冲洗伤口。一是要快。冲洗伤口分秒必争，以最快的速度把沾染在伤口上的狂犬病病毒冲洗掉。二是要彻底。由于狗、猫咬的伤口往往外口小，里面深，这就要求冲洗时尽量把伤口扩大，让其充分暴露，并用力挤压伤口周围软组织，而且冲洗的水量要大，水流要急，最好是对着自来水龙头急水冲洗。三是伤口不可包扎。除个别伤口大而且伤及血管的情况下需要止血外，一般不上任何药物，也不要包扎，因为狂犬病病毒是厌氧的，在缺乏氧气的情况下，狂犬病病毒会大量生长。

注射狂犬疫苗。伤口反复冲洗后，送伤者去医院做进一步伤口冲洗处理，接着应接种狂犬病疫苗。这里特别要指出的是，在被狗、猫咬伤后，不可将伤口直接涂上红药水包上纱布。切忌长途跋涉赶到大医院求治，而应该立即、就地、彻底冲洗伤口，在 24 小时内到医院注射狂犬疫苗。

③ 毒蛇咬伤的急救。毒蛇的种类很多，有的甚至含有剧毒，被毒蛇咬伤后若不及时抢救会危及生命。因此，在有蛇出没的地区活动，应掌握毒蛇咬伤后的急救措施。

防止毒液扩散和吸收。被毒蛇咬伤后，不要惊慌失措，奔跑走动，这样会促使毒液快速向全身扩散。伤者应立即坐下或卧下，自行或呼唤别人来帮助，迅速用可以找到的鞋带、裤带之类的绳子绑扎伤口的近心端。如果手指被咬伤可绑扎指根，手掌或前臂被咬伤可绑扎肘关节上，脚趾被咬伤可绑扎趾根部，足部或小腿被咬伤可绑扎膝关节下，大腿被咬伤可绑扎大腿根部。绑扎无须过紧，其松紧度以在能够使被绑扎的下部肢体动脉搏动稍微减弱为宜。绑扎后每隔 30 分钟左右松解一次，每次 1～2 分钟，以免影响血液循环，造成组织坏死。

迅速排除毒液。立即用凉开水、泉水、肥皂水或 1∶5000 高锰酸钾溶液冲洗伤口及周围皮肤，以洗掉伤口外表毒液。如果伤口内有毒牙残留，应迅速用小刀或碎玻璃片等尖锐物挑出。以牙痕为中心做十字切开，深至皮下，然后用手从肢体的近心端向伤口方向及伤口周围反复挤压，促使毒液从切开的伤口排出体外，边挤压边用清水冲洗伤口，冲洗挤压排毒须持续 20～30 分钟。此后如果随身带有茶杯，可对伤口做拔火罐处理，先在茶杯内点燃一小团纸，然后迅速将杯口扣在伤口上，使杯口紧贴伤口周围皮肤，利用杯内产生的负压吸出毒液。

排毒之后要治疗。由于毒液是剧毒物，只需极小量即可致人死亡，因此绝不能因惧怕疼痛而拒绝对伤口切开做排毒的处理。若身边备有蛇药，可立即口服以解内毒。伤者若出现口渴，可饮用足量清水，切不可饮用含酒精类饮料以防毒素扩散加快。经过切开排毒处理的伤者要尽快用担架、车辆送往医院接受进一步的治疗，以免延误治疗时机。转运过程中要消除伤者的紧张心理，使其保持安静。

二、拓展阅读

1. 计算机着火怎么办

如果计算机着火，即使关掉主机，甚至拔下插头，机箱内的元件仍然很热，仍会迸出烈焰并产生毒气，荧光屏、显像管也可能爆炸。在这种情况下，正确的处理方法如下。

（1）计算机开始冒烟或起火时，马上拔掉电源插头或关闭电源总开关，然后用湿毛毯或棉被等盖住计算机，这样既能阻止烟火蔓延，也可挡住荧光屏的玻璃碎片。

（2）切勿向失火计算机泼水。对已关掉电源的计算机不要泼水，因为温度突然降下来会使炽热的显像管爆裂。此外，计算机内仍有剩余电流，泼水可能引起触电。

（3）切勿揭起覆盖物察看。灭火时，为防止显像管爆炸伤人，只能从侧面或后面接近计算机。

2. 火灾中的安全自救

（1）发生火灾时，如果被大火围困，特别是被困在楼上时，应该首先拨打 119 电话报警，然后设法自救。

① 保持镇静，不要慌乱。面对大火，首先要让自己保持镇静，迅速判断危险地点和安全地点，然后尽快撤离危险地点险地。千万不要盲目地跟随人流相互拥挤、乱冲乱窜。撤离时，一定要注意，朝明亮处或外面空旷处跑，要尽量往楼层下面跑。若通道已被烟火封阻，则应从背向烟火的方向离开，通过阳台、气窗等通道逃生。

② 发生火灾赶紧逃。火势由初起到狂烧，一般只需十几分钟，留给人们逃生的时间非常短暂。人的生命是最重要的，因此，要当机立断，快速逃离，切不可因害羞或顾及贵重物品，而把宝贵的逃生时间浪费在穿衣或寻找、搬运贵重物品上。

③ 保护呼吸系统。火灾引起的烟雾中含有大量的有毒、有害气体，如果不加防备，就会

被熏倒，所以在逃生时要用水浸湿毛巾、衣服、布类等物品掩住口鼻，以免被烟雾熏倒。如果烟雾较浓，应该膝、肘着地，匍匐前进。

④ 从疏散通道疏散。可以通过疏散楼梯、消防电梯、室外疏散楼梯等通道逃生，也可考虑利用窗户、阳台、屋顶、避雷线等脱险。不要乘普通的电梯逃生，因为电梯的供电系统在发生火灾时随时会断电或发生电梯变形，将人困在电梯内。

（2）修理厂突发火灾，一墙之隔的模具厂安然无恙。

“多亏了那条消防疏散通道，才保住了我们的厂子。通过这次火灾，我们深刻认识到它的重要性。同时，感谢你们及时扑救，我们才避免了损失。”浙江省台州市宇通模具有限公司负责人周普顺紧紧握住消防员的手由衷地表达感谢。

2020 年 4 月 26 日 3 时许，周普顺接到保安的电话，说隔壁修理厂着火了，要他立即赶到厂里。“当时修理厂火光冲天，火苗不断往我的仓库蹿，至今想起来还有点儿后怕。”周普顺说。

当日 2 时 44 分，台州市黄岩区企高汽车修理厂发生火灾。着火后，火势迅速向周边蔓延，幸好消防员扑救及时，火灾未造成人员伤亡。

当时，与之相邻的宇通模具有限公司依靠一条宽 3 米、长 20 余米的消防疏散通道，成功阻断了火势蔓延，其厂房基本没有受到影响。

2017 年，消防车通道和“三改一拆”两项整治行动在黄岩区各乡镇同步展开，东城街道借势开展拆除铁皮棚、畅通消防车通道行动。

黄岩区东城街道有各类大小企业 400 多家，很多企业在厂房与厂房之间的消防疏散通道上盖了一层铁皮，用于存放货物，存在极大的消防安全隐患。为此，黄岩区消防救援大队联合东城街道办事处成立了拆违整治小组。

2019 年 7 月，东城街道网格员在消防隐患排查中发现，宇通模具有限公司厂房违章搭建铁皮棚，堵塞了消防疏散通道。

“当时，这条消防疏散通道里堆放着模具、产品及其他杂物，顶上盖有铁皮。为了让他们拆除铁皮棚，清理出消防疏散通道，我们可费了不少力。”东城街道网格员说。周普顺觉得拆除铁皮棚后厂房使用空间少了，不愿拆除。网格员多次上门劝说，他才腾出消防疏散通道。

周普顺没想到，这条他不愿腾出来的消防疏散通道在关键时刻发挥了重要作用，成为这次火灾中保护自己工厂的“生命线”。

3. 游泳注意事项

要了解游泳场所的情况，确认是否安全；要结伴而行，最好与懂水性的人一同前往游泳场所。

入水前做好准备活动，如徒手操、慢跑和模仿游泳动作等练习；活动身体，适应水温，然后下水游泳。

学习游泳时一定要由浅入深，循序渐进，逐步完成各个环节，从熟悉水性、漂浮、换气、划水到学会一种泳姿后，再学习其他泳姿。

在游泳过程中严禁在水中打闹、嬉戏，防止呛水；若出现身体不适，应立即离开泳池，上岸缓解或接受救护。

一般不要到江河、湖泊、水库、池塘等自然水域里游泳，更不要到禁止游泳的水域游泳，避免发生意外。

凡患有心脏病、高血压、活动性肺结核、传染性肝炎、肾炎、癫痫病、中耳炎、鼻窦炎、腹泻、感冒、传染性皮肤病、开放性的伤口的人，都不宜下水游泳。

游泳时间不宜过长；游泳之后要注意清洁卫生，若有淋浴设备，应将身体冲洗一遍。

最好不在冬季的户外游泳。

4. 垃圾食品种类

（1）油炸类食品。油炸类食品是导致心血管疾病的元凶，含致癌物质。高温油炸还破坏了食物中的维生素，使蛋白质变性。

（2）方便面类食品。方便面类食品盐分过高，含有大量的防腐剂、香精。只有热量，没有营养，过多食用方便面会加重肝脏负担。

（3）罐头类食品。罐头类食品蛋白质变性，维生素流失；食物与包装中的铝接触易受污染，过多食用易患老年痴呆症。

（4）肉类加工食品。肉类加工食品含防腐剂、稳定剂和亚硝酸盐，亚硝酸盐为致癌物质。

（5）饼干类加工食品。饼干类加工食品含染色剂、增味剂和防腐剂；热量多，营养少，对人体没有好处。

（6）腌制类食品。腌制类食品会引发高血压，食物过咸还会加重肾脏的负担，容易导致鼻咽癌，影响胃肠黏膜系统，容易引发溃疡和发炎。

（7）汽水、可乐等碳酸饮料类食品。汽水、可乐等碳酸饮料类食品含磷酸、碳酸会带走体内大量的钙；过多饮用碳酸饮料使人发育不良，易骨折，导致学习障碍、多动症。

（8）蜜饯果脯类食品。蜜饯果脯类食品含三大致癌物质之一——亚硝酸盐，盐分过高，含防腐剂、香精。

（9）冷冻甜品类食品。冷冻甜品类食品含奶油，极易引起肥胖，含糖量过高，影响正餐摄入。

（10）烧烤类食品。烧烤类食品含大量三苯四丙吡——位居致癌物质之首；食物中的蛋白质已碳化变性，食用后会加重肾脏、肝脏负担。

5. 怎样帮助触电者脱离电源

人触电以后，可能由于痉挛或失去知觉等原因而紧抓带电体，不能自行摆脱电源。因此，发现有人触电时要尽快帮助触电者脱离电源。救护者应设法切断电源，并采取以下保护措施。

（1）救护者不可直接用手或其他金属及潮湿的物体作为救护工具，必须使用适当的绝缘工具。救护人最好用一只手操作，以防自己触电。

（2）防止触电者脱离电源后可能的摔伤，特别是触电者在高处的情况下，应考虑防摔措施。即使触电者在平地，也要注意触电者倒下的方向，注意防摔。

如果事故发生在夜间，应迅速解决临时照明问题，以利于抢救，避免扩大事故。

6. 被化学品伤害后的安全保护

（1）气体中毒。迅速将伤员救离现场，搬至空气新鲜、流通的地方，松开其领口、紧身衣服和腰带，以利呼吸畅通，使毒物尽快排出，有条件时可接氧气。同时要保暖、静卧，并密切观察伤者病情的变化。

（2）毒物灼伤。应迅速除去伤者被污染的衣服、鞋袜，立即用大量清水冲洗（时间一般不能少于 15 分钟），也可用“中和剂”清洗。对一些能与水发生反应的物质，应先用棉花、布和纸吸除，再用水冲洗，以免加重损伤。

（3）口服非腐蚀性毒物。首先要催吐，若伤者神志清醒，能配合，可先设法引吐。即用手指、鸡毛、压舌板或筷子等刺激咽喉壁或舌根引吐，然后给患者饮温水 300～500 毫升，反复进行引吐，直到吐出物是清水为止。

7. 常用压迫止血点

（1）头顶、额部、面侧部出血。可用拇指对准下颌关节处，压迫颞浅动脉。

（2）面部出血。用拇指、食指或中指压迫下额角前约 1 厘米凹陷处的面动脉。需要注意的是，即使一侧面部出血，也要压迫双侧面动脉。

（3）肩部与上肢出血。用拇指压迫同侧锁骨上窝中部的锁骨下动脉。

（4）上肢出血。用四指压迫上臂内侧的肱动脉，将它压向肱骨止血。

（5）手部出血。可用双手拇指压迫手腕部的尺动脉、桡动脉。

（6）手指出血。用食指、拇指分别压迫手指根部两侧的指动脉。

（7）下肢出血。用两手拇指重叠压在大腿根部中点的股动脉。注意要用力深压。

（8）足背出血。可用两手拇指分别压迫足背中部近脚腕处的足背动脉和足跟内侧与内踝之间的胫后动脉。

8. 残疾人勇救落水者

2020 年 5 月，在息烽县流长镇大水井水库发生了感人的一幕，残疾人刘翔奋不顾身跳入水库勇救落水者。由于救助及时，落水男子安然无恙。

勇救落水者的是流长镇大水井村中坪组的村民刘翔，今年 48 岁，肢体残疾。5 月 17 日晚 7 时左右，刘翔经过大水井水库时，一辆面包车从他面前急速驶过，随即冲出路基坠入水库，当时面包车在水里摇摇欲坠，驾驶员从车窗探出身在水中半沉半浮地挣扎着。情况十分危急。为尽快救出落水者，刘翔义无反顾地扎入水库中，奋力向落水者游去，凭借勇气和多年游泳技能，迅速将落水者救上了岸。

9. 降暑时“两水”不能随便用

入夏后，藿香正气水与十滴水几乎成了家庭中必备的防暑应急药品。由于这两种中成药均能治疗夏季暑热引起的胃肠不适、腹痛恶心等症状，因此不少人都误认为这两者功效相等，可以相互代替使用。其实，藿香正气水与十滴水无论在药物组成、功效主治与用法用量上都有很大的差别，贸然替用，必将引起不良后果。

藿香正气水主要用于治疗夏季风寒湿邪所引起的夏季感冒、胃肠炎等疾病，治疗范围较广泛，既可治疗夏秋的各种感冒及胃肠炎等，也可用于中暑引起的胃肠不适。而十滴水仅用于中暑症，即感受暑热引起的头晕昏迷、胃肠不适等。藿香正气水主治风寒湿之邪所致疾病，十滴水主治暑热湿之邪所致疾病，两者的功效和主治截然不同，因此当对症选用。

10. 细数感动、反思精进——模拟急救活动主题班会

（1）同学们分组制作急救模拟活动的总结汇报材料（可选用 PPT 或其他直观的形式），其中包括本组活动概况、活动现场难忘瞬间、活动收获、活动感悟、活动反思五项内容。

（2）评价反思。分组展开讨论，组长代表本组进行自评，指出优点及不足，提出改进措施。

（3）班主任对本次模拟急救活动进行总体评价。

活动感悟（见表 21-3）

表 21-3 细数感动——模拟急救活动感悟

我的付出	
我的收获	
我的感悟	

续表

活动剪影	（照片张贴处）

活动链接

新时期、新任务前的劳模精神新内涵

劳模形象是优秀劳动者的生动且具象化的符号象征，而新时代奋斗者是在新的历史情境中对劳模精神的丰富升华。劳模文化不仅指向历史和现实，而且面向未来。通过劳模精神整合社会力量、发挥榜样的引领示范作用，能够带动全社会践行爱国、敬业、诚信、友善的社会主义核心价值观，并最终服务于中华民族伟大复兴的中国梦。

中国经过 70 多年的成长，经济发展已经让世界不可小觑，中国目前已成为世界上的第一制造业大国，在制造大国向制造强国的转变过程中，劳模精神的内涵也得到了全新的诠释。

徐立平可以说是新时代中国特色社会主义的劳模精神的典型代表。徐立平的工作是用一把平铲刀给航天固体燃料发动机进行着火药微整形。工作不慎就会发生爆炸，很是危险，但他却坚持了几十年。工作中，徐立平讲究方法，创新工具，提高效率，且他对自己的工作经验毫不保留，积极热情地教授新人。

典型案例

“筑牢防火墙，创建平安校”
阳城职中消防应急疏散演练

为进一步加强学校消防安全工作，切实提高广大师生消防安全意识和自我保护能力，做到在发生火灾时，能临危不乱，有序、迅速地按照消防逃生路线安全疏散，确保教育教

学工作正常有序开展，2023 年 2 月 21 日上午 9:40 我校进行了消防应急演练预备会。

演练前，为确保师生在活动中的安全，我校制定了详细的消防应急疏散演练方案，并召开了消防应急疏散演练预备会，对演练方案、注意事项进行了详细讲解，明确了责任分工和具体实施步骤。

上午 9 时 40 分，总指挥下达演练开始命令，拉响警报，已提前到岗的班主任、楼层指挥人员沉着冷静地指挥学生用湿毛巾捂住口、鼻，尽量将身体放低，安全、有序、快速地撤离教学楼，疏散到指定位置。整个演习用时 4 分 55 秒，取得圆满成功。

最后政教处主任张栋梁对本次消防演练进行总结。肯定了全体师生在这次演练中的表现，指出了演练过程中存在的问题，并讲解了火灾自救的方法和技巧。

此次演练活动的顺利完成，强化了全校师生的消防安全意识，检验了师生应对突发事件的组织协调能力，切实加强了学校的安全教育工作，为创建“平安校园”夯实了基础。

最美劳动者

易　冉

全国劳动模范易冉是一名电焊高级技师。1982 年，易冉出生在一个非常普通的工人家庭。初中毕业后就进入技校学习电焊专业。2000 年 8 月，18 岁的易冉被分配到中车长江车辆有限公司株洲分公司底架转胎班从事电焊工作。对于这样一位清秀漂亮的姑娘，没有谁看好她，很多人认为她吃不了电焊工作的这份苦，没多久就会转岗。然而，她用工作中的勤奋与拼搏让所有不信任她的人刮目相看。工作 5 年之后，易冉成了公司中最年轻的一名电焊技师；工作 8 年之后，易冉晋升为一名高级技师并荣膺“湖南省技术能手”。2011 年，29 岁的易冉代表中国参加在德国举办的“嘉克-LVM 杯”国际焊接大赛。竞赛中易冉以技惊四座的高超技术获得“特别奖”这一最高的奖项，德国媒体当时钦佩地称她为“电焊花木兰”。易冉获得“电焊花木兰”的称号是当之无愧的，这是她用脸上的斑点、手上的疤痕，用她一身身的汗水，用她最为美好的青春年华，用她多年的坚持换来的。

易冉的师傅欧清莲对她最为得意的徒弟是这样评价的：“脑子转得快，技术上的难题，她总会想办法去解决。”2011 年，易冉经过反复试验发明的“小摆快频仰角焊法”获得国内外专家一致肯定，目前已在全国电焊岗位普遍推广。

接踵而来的各种荣誉中不乏很多的诱人机会和轻松岗位。但她不为所动，仍然坚定的工作在电焊岗位，每天完善自己的技术、提升自己的技艺。青春是美丽的，奋斗的青春更加多姿。易冉用奋斗与拼搏描绘着自己多彩的青春。

活动评价（见表 21-4）

表 21-4　反思精进——模拟急救活动评价表

担任职务			
责任分工			
评价项目	评价主体		
	自我评价	组长评价	对方评价
劳动意识			
吃苦耐劳			
团队合作			
沟通协调			
责任担当			
改进措施			

注：活动评价表的填写可为等级评价形式。其中，A：优秀；B：良好；C：合格；D：不合格。

活动拓展

请同学们将学习到的急救知识，回家教给父母，并用相机记录。